ドヴニコヴィチ＝ボルド（１９３０〜２０２２）とザグレブ派のチャレンジ精神に捧げる。

本書は、東欧のとある地域の研究に深く関わり、一方ある美大で教え続けた歴史家が、アニメーションや演劇を通して歴史を「体感する」ことを提案するものである。アニメーションや『スリーウインターズ』という演劇を通してある地域を全体的に、しかも「個体が」分析することの意味を再確認し、そのような地域で行われる文化のハイブリッド（異種混交）化がこれからのグローバル文化の先例になることを示していく。こうして最後に、アニメーション・ドキュメンタリーを検証する場を、世界史を「個人から」捉え直す場の一つとして提唱したい。

目次

はじめに——歴史を「下（市民など）から」見ていくために

二〇一九年の春、劇団文学座*の演出家松本祐子さんから、長くクロアティアの研究をしている私にメールが入った。『スリーウインターズ』というクロアティアに関する芝居（原作者はクロアティア人で現在イギリス在住のテーナ・シュティヴィチッチ）について、その歴史的背景について教えてほしいということだった。

＊一九三七年に文学者らによって創立。第二次大戦中は一部の幹部などが戦時体制に引き摺られたものの、「新劇」の中でも芸術性への志向が強い劇団。数々の日本を代表する演技者を輩出してきた名門劇団。

このクロアティアはアドリア海を挟んでイタリア半島と向かい合う、ヨーロッパ南東部に位置する小さな共和国。面積は北海道の四分の三にも満たないが、海山の自然に恵まれ、多くの歴史的建造物を保有する観光国として、さらにはサッカーの強豪国として少しずつ知名度も増している。原語の名称はフルヴァツカ、日本では一般的にクロアチアと表記されるが、私は同地域を古代から、歴史の古層から分析するために、古代のラテン語名を想起させるクロアティアと呼んでいる（といっても元々あった呼び名である）。その関係で、本書ではクロアチアとクロアティア、パルチザンとパルティザンという風に違う表記が混在するのでご容赦願いたい。

その年の夏前、私は『スリーウインターズ』の最後の通し稽古に呼ばれた。そのとき、ひとりの女優がヨーロッパにおけるクロアティアの立ち位置は、東アジアにおける韓国の立ち位置に近いと考えて間違いはないかと訊いてきた。この女優がクロアティア史の特徴をよく理解し、それが私たちの隣国の歴史と通じるものを感じ取っていたことに、私は驚いた。

そういえば「新劇（ヨーロッパの近代演劇に影響を受けた「新しい演劇」。また旧劇つまり歌舞伎でも「新派」でも大衆演劇でもないという意味）」を通じて、ヨーロッパやロシアの歴史を役者たちが体感し、体現してきた。とくに文学座は優れた演者が多いのだろうが、芝居そのものが持っている歴史体感上のポテンシャルがいかに高いかこのとき気づかされた。演ずるということを、仮に授業でなくとも（平田オリザ氏は大学生や市民の間で演ずるというコミュニケーション行為を指導している）[*]、多くの人が世界史を体感するのに役立てるべきだと思うが、とくに『スリーウインターズ』はそもそもの戯曲も、文学座の公演も素晴らしかった。


*たとえば平田オリザ・蓮行著『コミュニケーション力を引き出す 演劇ワークショップのすすめ』（ＰＨＰ新書、２００９年）を参照されたい。

▼世界史教育への二つの懸念――市民や各個人の問題として感じてもらうには

これまで私は、世界史教育について二つの懸念を抱えてきた。一つは歴史、とくに学校で教わる歴史そのものへの関心が薄れていること、もう一つはクロアティアのような小国の、サッカーはともかく歴史や文化に興味を持ってもらうことがなかなか難しいということである。

最初の懸念に関連して、今私が応援したいと思っている歴史教育運動が大阪大学を中心にした運動である。その代表的人物が桃木至朗さん。かれによると、学校で習う歴史に人気がない。「すでにわかっている過去の事実を」「ひたすら暗記するだけで」「現代には関係がない、したがって役に立たない科目」というとらえ方は、ずいぶん広く共有されている。しかし事実を暗記するだけというのは誤解あるいは従来の姿で、これからはグローバルな歴史の構図を組み立てて、その中で日本の位置を解説することを重視すると桃木さんは言う。

そして私は、こうした構図や構造を知った上で、これにたいして個人や集団がどう働きかけてきたかを描くことが重要だと考えている。私自身、一九七七年、ユーゴスラヴィア政府の奨学生として、一つの新しい社会主義の可能性を見定めたくてクロアティアに渡った。それからしばらくして、私はユーゴが内戦に陥った九〇年代、クロアティアの独立にあらがったセルビア人たち（クロアティア在住の）の過去をさかのぼることになる。クロアティア社会の重層性を知らなければならないと思った。すると十六・七世紀の海賊ウスコク＊の中に、このセルビア人の一つのルーツが見て取れたのである。

＊このような人たちについては、越村著『アドリア海の海賊ウスコク』（彩流社、２０２０年）を読んでいただきたい。この本に取り上げたウスコクと呼ばれた海賊は十六・十七世紀にその最盛期を迎えたのだが、かれらは、ハプスブルク帝国とオスマン帝国の間の戦争を機に、長く暮らした土地から逃げざるを得なくなった人々、すなわち多くが現在で言う難民から成っていた。かれらは、対オスマン国境を警備する、ハプスブルク帝国の非正規兵になったが、収入がほとんどなかったために、海賊をし、またオスマン帝国の船を襲ったために後世まで英雄として語り継がれた。

それまで連邦政府のあるセルビア共和国と、クロアティア共和国の対立という軸でユーゴスラヴィア現代史を見ていた私は、四〇〇年ほど前にクロアティアに住み着いたセルビア人の末裔がクロアティアの独立に反旗を翻すのを見て、民族のモザイク模様がマトリョーシュカ人形のように重なっているのを実感した。クロアティアは小さな国だが、それをいくら小さく刻んでも複雑な民族構造はなくならない。私はクロアティア史を近世史まで掘り下げて、例えばなぜオスマン帝国を逃れた人たち（セルビア人の祖）がなぜクロアティアに住み着いたか、海賊でありながらかれらが守ろうとした誇りは何かを考えようとした。

その時私は、かれらと同じころ、ユーラシア大陸の東にも海賊がいたことに気がついた。いわゆる倭寇である。現代史の中でクロアティアと韓国が同じような立ち位置にあったとしたら、近世史においてはクロアティアと中国沿海部や台湾が同じような立ち位置にあったと考えられる。そう思った私は、近世ユーラシアの諸帝国（明・

清、そしてオスマンとハプスブルク帝国）と各種海賊の戦いを比較しながら、最終的にクロアティアの海賊ウスコクの特徴を研究することを新たな研究テーマに決めたのである。*

＊その後十年ほど経った二〇一〇年に、私はこのテーマで、英語とクロアティア語の二か国語からなる Uskok and Wako/Uskok i Wako, Plejada, Zagreb を出版した。

皮肉にも、クロアティアが一九九〇年代に紛争地域になったのにたいして、香港や台湾が現在係争地域になりつつある。それを考えれば、二十世紀初めのバルカン半島や朝鮮半島の動き（たとえばサライェヴォ事件と伊藤博文暗殺事件）だけでなく、十六・七世紀の海賊や鄭成功の台湾制圧も二十一世紀の今日とつながって見えて来るのではないだろうか。

因みに前出の、桃木さんらが作った教科書*は、現代史の章の最後に、「東アジア諸国で他の地域と比べて突出した少子高齢化が進行しつつあるのはなぜか」といった課題を設定して、世界史と現代のつながりを学生たちに考えさせようとしている。

＊大阪大学歴史教育研究会編『市民のための世界史』（大阪大学出版会、２０１４年４月）。歴史の現代とのつながりを高校生らに認識させようと、これよりさらに踏み込んで、教育工学的に研究したのが池尻良平氏である。池尻氏は、高校生を対象に、図解と解説が入ったカードを選ぶことからディスカッションまでの体験型ワークショップを通じて、歴史から何かの知識や教訓を得られることを教えようとした。その際池尻氏は、歴史的類推（よく言われるアナロジー）というものを二つに分ける。まずは歴史的な事例の因果関係を理解すること、次にその事例を現代の問題に当てはめて未来に向けた政策を作ることである。ただ後者については、歴史と現代の文脈の違いをよくわきまえなければならないので、その点は指導に当たる先生方に留意してもらえればと思う。このような授業法は、環境史や人口動態の分析を交えたものにすれば、理科系の生徒にもなじみやすいだろう。

池尻氏の研究についてはU Tokyo Repository 東京大学学術機関リポジトリ、歴史の応用を学習する方法の開発：歴史的類推を現代の問題解決へ、池尻良平、学位授与年月日２０１４-０６-２７を参照されたい。

▼はじめは苦肉の策として映画を観せた——事実とメタファー

私はといえば、クロアティアや旧ユーゴスラヴィアのようになじみの薄い国を日本に紹介するため、教科書を他の媒体と、あるいは授業を他の表現形式と交えて歴史を体感するよう試みてきた。

まずは映像である。時代は、多くの人びとの生活がスマホやネットの映像で成り立っている。裁判でさえ映像が証拠として使われている。

世界史の一つの構図が崩れる様子を見事に描いた映画があった。私はこれを使ってユーゴスラヴィアという日本ではなじみの薄い国における冷戦の終わりを授業で説明し、小さな本にしたことがある。

一九九〇年代の前半はユーゴ内戦の時代であった。このとき「民族浄化」ということばが独り歩きし、ニュースの凄惨な映像が日本の多くの人びとにとって、とても理解できない国ユーゴというイメージを作り上げてしまった。だからこそ人間コメディの映画を使って、ニュース映像を上書きし、なおかつクロアティアの若い政治学者の実証的な研究を使って冷戦構図の崩壊を描こうと考えた。その成果が、『映画「アンダーグラウンド」を観ましたか?——ユーゴスラヴィアの崩壊を考える』（山崎信一との共著、彩流社、2004年）である。

『アンダーグラウンド』はユーゴ社会主義の形成と崩壊を、正義感の強いクロと権力に近づきながら私腹を肥やすマルコという二人の男を軸に描いていた。この物語とD・ヨーヴィチという若手政治学者のユーゴ崩壊論を照らし合わせながら、私たちはユーゴ崩壊を論じたのである。

何より映画自体が秀逸であったし、この小本も売り切れ、今は電子書籍化されている。

歴史と映画については一九九〇年代にアメリカやフランスでかなり議論されたが、現在この議論は下火になっている。その中で発言し、今も発言を続けるアメリカのある歴史家は、映画は事実の詳細ではなく、過去の全体的な感覚を提供し、視覚的なメタファー（隠喩）を講じると述べている。[*] 本書では、この種の問題も繰り返し登場する。歴史を「下から」、個人が体感するというテーマの次に重要なテーマである。はじめは事実と幻想の問題として、さらには事実と脚色の問題として登場する。そして後半では個人の記憶と公的な記憶という問題が、「下からの」歴史叙述という本書の主題と絡みながら登場する。

＊ Robert A. Rosenstone, History on Film/Film on History, Pearson,2006 を参照されたい。

▼アニメーションの教育的効果

さて同じ映像でも、アニメーションについて、私はアニメーション理論と歴史の専門家[*]と組んで、ほぼ二十五年間、ある授業を行っている。内容は、音楽で言うアナリーゼつまり作品がどういう時代背景や様々な経緯で生まれ、どのような意味を含んでいるかを分析するものである。

＊東京造形大学の教授で、日本アニメーション学会の元会長小出正志さん。

アニメーションについては、日本では教育上の悪影響を指摘されたり、作品によっては戦争賛美するものとされたりして、歴史教育でアニメーションを積極的に使おうという意見はあまり聞かれない。だが、『この世界の片隅に』など実地調査や時代考証を踏まえた歴史作品については、その教育上の意義は明らかだ。アメリカでは、映像評論家ロジャー・エバートの『火垂るの墓』評がすでに一つのアナリーゼになっている。

そうした中で、私自身は歴史教育でアニメーションを使うことを薦めたいと思っている。第一章の初めに、アメリカの歴史教育でアニメーションを使った場合の効果、たとえば疑似体験や印象に残る体験ができること、社会の中の個として各人が共感を持ちうること、さらには多様な価値観の理解につながるとの指摘を見ていく。また、アニメーションの教材を作りながら歴史を教えることがいかに重要か、マレーシアの興味深い研究がそのことを示している。

次に、私が行った授業の中で、ある学生が行った作品分析から、時代の思潮と作家たちによるその視覚（イラスト）化という問題について見ていこう。この授業で学生たちに注目されたのが、二〇〇〇年代のクロアティアを代表するCGアニメーション作品『リヴァイアサン』である。この作品は青年時代にユーゴ内戦を体験した映像作家数人による国家・権力に関するスケッチ集だが、ある学生がこの『リヴァイアサン』を観て興味深い解釈をしている。これについても第一章の2で触れる。

さらには、アニメーション運動の同時代的連関が分かる（コンテクスト化、つまり出来事の同時代性や前後関係を把握することで見えてくる）。たとえば授業で話題になったのは、日本の「アンクルトリス」（柳原良平）とクロアティアの「代用品」に出て来るおじさん（D・ヴコティチ）は、少なくともグラフィックは似ていることである。これを一九五〇年代の時代の傾向という向きもあるが、日本の「三人の会」とクロアティアの「ザグレブ派」*は、アメリカの反ディズニー・アニメーションの運動・組織（UPA）に、多少なりとも共通して影響を受けているのだ。

＊ザグレブ派については拙書『クロアティアのアニメーション——人々の歴史と心の写し絵』（彩流社、2010年）を参照されたい。

第二章では、はじめに文学者M・クルレジャのバラード（物語詩）をもとにしてクロアティアの歴史を描いたアニメーションを紹介する。キリスト教世界とイスラム教世界の衝突する場で戦争と収奪に晒された下層の人々のルサンチマン（ここでは恨み）がよく伝わってくる。この例を踏まえながら、クロアティアの歴史的英雄を描いたアニメーション作品について説明していく。これは越村がかつて研究の一環としてプロデュースしたものである。三つの物語（海賊ウスコク、オスマン軍勢と戦った難民の英雄ストヤン、ハプスブルクと戦った貴夫人イェレナ）と四つの映像がある。共通しているのは命がけで戦う勇者（貴族の夫人も含めて）であること。[*] ただ、その三作品には歴史を描く際の視点の違い、個人の記憶や多数者の記憶の違いといった問題が見え隠れする。また貴夫人の作品については、クロアティアに行ったことのない日本人作家とクロアティア人作家の違いについて観る人に感じ取ってほしい。

＊近年成長著しいテスラ社の名の由来になったニコラ・テスラはクロアティアの出身であり、母国にはかれの記念館がある。このテスラは巨星エジソンと戦った。

第二章の後半では、まずアニメーション作品『ピカドン』を取り上げて、それが「イラスト化」と「コンテクスト化」という点でどういう意味があるかを考えてみる。その結果『ピカドン』の「イラスト化」効果については高評価できるが、「コンテクスト化」については、ある解釈については疑問が残ることを指摘する。そこから世界のアニメーション・ドキュメンタリーの動きを、実写アニメーションとも比較しながら概観する。事実とフィクション、あるいは歴史と記憶の問題に踏み込んでいくためである。記憶についてはアライダ・アスマンが投げかけた問題を紹介し、その問題を新たな問題提起として受け止める。その上で前半の最後に、歴史を映像で描こうとした九〇年代の北米の試み[*]から「事実」と「演出」の関係を見ていきたい。

＊歴史と映画に関してはナタリー・Z・デーヴィスが実際に映画制作にかかわった議論が有益である。彼女の著作は日本語にも訳されている（中條献訳『歴史叙述としての映画』岩波書店、２００７年）。

▼『スリーウインターズ』――演劇と「体感する」世界史

さて演劇である。演劇こそは多くの人びとが「身体を通して」一つの歴史を作り上げるプロセスそのものである。また歴史や言語の教育上演劇が果たす役割については、映像よりもむしろ論文は多い。ある演出家は演劇を

「言葉の組み合わせとそれによって生じる可変的な意味を俳優の身体を通して今初めて生きたものとして誕生させる作業」だという。戯曲は演じられることで多くの意味を生み出す。演じることはいわば死んだ、見知らぬ他者のことばのいのちを取り戻す行為である。さらにこの演出家は「演じることによって他者との間に（意識の共同性）ではなく、〈身体の共同性〉の場」を作りだすという。*

＊石黒広昭「言語的・文化的に多様な背景をもつ子どもが『演じる』ことの意味　海外にルーツをもつ子どもたちの発達再媒介活動としての演劇」（『立教大学教育学科研究年報』58号、２０１５年）に引用された演出家鈴木忠の言。

本書第三章は演劇を通じて世界史を体感する例として、とくに『スリーウインターズ』という作品とその上演に絞って分析する。作家の辻原登（私は『韃靼の馬』以来、辻原のファンである）はこの芝居は「チェーホフ劇に劣らぬ真実《しんじつ》味《み》を醸し出すことに成功している」としているが、私は『スリーウインターズ』を最新の戯作と捉え、そこからいかに世界史が見えてくるかを考えたい。実際、この原作はきわめて巧妙に作られている。

まずは『スリーウインターズ』のおおよその構成を考えてみる。この脚本では新旧「三つの冬」（一九四一年、一九九〇年、二〇一一年）の話が行ったり来たりする。それでも時間は、グローバル化に向けて前に進んでいく。しかし最後に、「第三の冬」の結婚式の様子と「第一の冬」の主人公が生まれた経緯を語る曾祖母の姿が、重なりながら芝居は大団円を迎える。言い換えれば、最後のシーンでグローバル化とローカルの二つの軸が交錯するのである。

途中、日本語の脚本のあらすじと各シーンの写真を紹介する。（念のため、どの冬のセリフが多いかも含めて「内容分析」をしてみたい）。

次にこの作品はザグレブという都市の家族にしぼった物語でありながら、登場人物の人物設定やそのセリフからクロアティアの社会の全体や政治が良く見えてくる。「第二の冬」の主人公夫婦はいかにも社会主義ユーゴの優等生だったが、「第三の冬」の主人公の姉妹は別の形で新時代の典型である。姉がグローバル化の波に乗りながらも他者への思いやりを持つインテリであるのに対し、妹は資本主義化の波に乗る伴侶を得て、自分たちの共同住宅から他の住人を追い出そうとする。ただ後者の拝金主義の背後にも、かつて自由を奪われた貴族の娘の恨みが見え隠れするのである。

さらには、この芝居がグローバル化の中の女性や夫婦のあり方を、いかに日本の観客に体感させられたか、舞台デザインや小道具がどうだったかという点から確認してみる。文学座のアトリエという場は、大劇場の舞台と違って、洋館の大広間のような空間で実験的な演劇が繰り広げられる場である。ただ何といっても『スリーウインターズ』を演じた文学座の人びとが何を考え、何に気づいたかをことばにしながら、この上演の成功の秘訣を探ってみたい。中には、予め映画『アンダーグラウンド』を観たことが却ってあだになった俳優もいたようだ。しかしそのほかの女優たちから貴重な体験をいくつか語ってもらった。

最後に、演出の松本祐子さんが、そして演者やスタッフたちが、ともにクロアティアやバルカンの歴史を勉強したことに触れておきたい。演劇ジャーナリストの杉山弘は、この学びの姿勢を文学座の「熱意」と表現し、この芝居の成功の三つのカギ（一つは戯曲のすばらしさ、二つ目が劇団のチームワーク）の一つとしているのである。

今回、『スリーウインターズ』によってクロアティアの歴史が日本の観客に伝わったことをきっかけとして、とくに女性の目線で歴史を捉え直せば、また多少なりともハイブリッド（異種混合）的な近代化を体験してきた社会ならば、人々はグローバルかつローカルな歴史認識を共有できることが分かった。また逆に、日本の側からクロアティア側に、公的な現実を個人の側から見直すことについて若い研究者に意見を聞いてみた。

さてウクライナに対するロシア侵攻を機に東欧概念の再認識が世界的に必要になったが、その中で中欧とバルカンの関係について考える必要に言及する。そしてバルカンという境界地域では様々な枠組みでものごとを捉えたり、また様々な個人や集団によるハイブリッド（異種混交）的な関係にあることを理解する必要があること。いやむしろそれが今後のグローバル化の世界の先例になるという点ついて考えてみたい。

そのような議論の延長線上で、私はとくにアニメーション・ドキュメンタリーという映像ジャンルに注目し、ポスト冷戦の枠組みがいったん壊れる中、各個人の体感した世界史を見せ合いながら、「下から」世界史を作り上げることを提唱したい。

第一章　映像で歴史を体験する

――アニメーションの「イラスト化」と「コンテクスト化」

二十一世紀最初の十年、世界各国の教育の場で映像を使うことが増えていった。そして映像の教育的効果について多くの研究論文が発表された。ここでは、そうした論文の内容を紹介しながら、映像とくにアニメーションで「体験する」ことの意味について考えていきたい。

まずは、マルチメディアで学習する場合の学生たちの認知システムについて見ていこう。

マルチメディアのうちナレーションの場合、情報は耳から入り、学生たちは言語チャンネルで単語を選択し、その単語を原因と結果の連鎖として編成する。そして、その単語群を他の視覚資料や事前知識と照合する。一方映像の場合、学生たちは視覚チャンネルでシーンを選択し、そのシーンを因果関係の連鎖に編成する。そして、その映像群を口頭の資料および事前知識と統合する。この統合が進めば、有意義な学習をもたらす可能性が高くなるのである。*

＊ Richard E. Mayer and Roxana Moreno, Animation as an Aid to Multimedia Learning, Educational Psychology Review, Vol. 14, No. 1, March 2002.

授業でのマルチメディアとりわけ映像体験とは、認知論的にはこのように説明することができるのだろう。いささか理屈っぽくて恐縮だが、映像と歴史教育について一応理論的な問題を知っておいて欲しい。

1　アニメーションと歴史教育

ある論文（アメリカで二〇一〇年代に発表された）が、教育の場で映像やテレビ番組を使うことの効果について次のように述べている。*

＊ Jon Billsberry, Julie Charlesworth, and Pauline Leonard (eds), Moving Images: Effective Teaching With Film and Television in Management, Charlotte, NC: Information Age Publishing Charlotte, NC, 2012.

教育に映像を使うのは、学生たちに何かのことがらの具体的な例証（音を伴った映像によるイラスト化）を示したり、ある時代の出来事の全体的な関連性を把握させる（コンテクスト化）ためである。こうして指導項目を理解しやすくすることで学生の学習意欲をたかめること、これが映像を使う第一の目的である。

さて、教育の向上に映像を使うとなると、映像に関する知識は学生の方が豊かで、そのため映像教材の選択などの授業運営について学生がリードできるようになる。こうしてアクティブラーニング（参加型学習）を行うことが第二の目的になる。これは、アメリカだけでなく、今では日本の教育の目的でもある。そしてさらなる教育のためにも映像は役に立つ。それは、様ざまなものの見方があることを示すことができる（例えば、アメリカでも人気の黒澤映画「羅生門」などを使えば事実についての異なった見方があることを教えやすい）、また一つの判断が様々な影響を持つことを最近の映像（ＴＶドラマなどは時代の最新の思潮を写しだす）を使って考えさせることができる。これが第三の目的と言える。［因みに、価値の多様化とメディアの変化（文章から映像へ）も、本書のテーマの一つであることに改めて留意して欲しい］。

次に、同じ映像でも映画とアニメーションそれぞれについて、教育効果を見ていこう。まずは映画だが、映画は、抽象的な理論や概念を具対的に表示し、視聴者にそれらを生き生きと植えつける。これもイラスト化だが、実写には実写の映像の力がある。例えば『トップガン』（一九八六年）のオープニングシーンは、米国海軍の航空技術や軍隊文化（手信号など）をはっきりと、視聴者に印象付けるのである。ただ、映画は世界を体験する「別の」方法であることに注意が必要だ。因みに、「映画は、クローズアップショット、ロングショット等さまざまなフォーカス技術により、ユニークな視聴体験を生み出すことができる。これはかつてベンヤミンも指摘したが、*独裁者の神格化や特別な集団意識の醸成にも大きく関わることは言うまでもない。ナチスによる映像を思い出してほしい。そしてCGなど映像技術は今日大きく進んでおり、それがかえって映像の写実性を疑わせることにもなっていることにも注意が必要だ」。

＊ヴァルター・ベンヤミン著作集2、『複製技術時代の芸術』（晶文社、1970年）32ページから38ページを参照されたい。

アニメーションの教育的効果はどうだろう。アニメーションの監督は、画像、シーンの演出、彩度や色調の決定あるいはキャラクターの個性、タイミング（ある動きにかける時間）、音楽の決定を行わなければならない。それはつまりはアニメーション映画が監督の意図する数多くの要素からなることを意味し、それら全てが見る側の注意を引くはずのものである。こうした格別な視（聴）覚効果により、アニメーションは力強く、物事の持続的なイメージを形作るのである。

本書では、実写映像とアニメーションの違いを原理論的に説明することはしない。どちらも発展が著しく、そのような中で本質論をしても意味がないと思う。代わりに、実写ドキュメンタリーとアニメーション・ドキュメンタリーの形式や内容上の違いについて、第二章で詳しく見ていこう。

さて、最近経済成長めざましいマレーシアで、アニメーションを使った歴史教育の調査結果が公表された＊。同国のある美大が中学校の歴史の授業にアニメーションを使った際の効果について調査したのである。そのアンケートは小規模だが、そこから読み取れることは日本の教育にとっても実に興味深い。

＊Siti Fatin Nabeela Zakari.Ghazali Daimin. Nor Aziah Alias, Animation as Learning Aid in History Subject for Form One Students, Video Tutorial As Complement Guide To Comics Creating For Students In The Arts Extracurricular At Sma Negeri 3 Boyolali https://melaka.uitm.edu.my/ijad/index.php ; eISSN: 2710-5776 ; 41 Available Online: 10 October 2020.

調査の概要

まず、この研究の目的は、「現在の学習システムや教授法を変えることではなく、学校の外で歴史科目を学ぶための代替方法を学生に紹介すること」とのこと。少し控えめな言い方である。

調査対象は、中等学校一年（十二―十三歳）。この調査では、アニメーションは歴史教育をするための学習補助として用いられた。何かの作品ではないと思われる。

なおこの研究は、学習支援ツールがテキスト形式からアニメーション媒体を介した視覚化まで開発されるような、より大きな研究プロジェクトの第一ステップに位置づけられるということである。

調査の背景

はじめにマレーシアでは、歴史科目は、二〇一三年から必須科目とされ、学生が使う歴史教科書は特定の研究者によって書かれ、事実は時系列に注意深く配置されている。しかしそのような教科書の第一の難点は、静的（簡単には変更されない）で硬いということである。静的な教科書には、学生が学ぶための楽しい要素がなく、これは最終的に、学生にとっての「退屈さ」を招くことになる。第二の難点は、多くの教科書が、読み取った情報を解釈して処理するという複雑な努力を要求するような、難しい用語（文字情報）を使用していること。このことはまた、復習のために読み返したりする際に一定の努力を要求する。

それに比べれば、マルチメディアを使った授業の方が教育的効果は高いのではないか。同様の他の調査がこのことを証明しているが、この調査も、そのような推論を証明しようとしている。

調査対象

調査の対象は、中等学校一年（十二－三歳）の生徒。生徒の選抜は、担任の歴史教師四人のみが行った。また対象者は、成績が合格点（E）または不合格点（G）の線上にあるような、歴史科目に弱い生徒であった。教師は、歴史科目における試験の結果をチェックしており、生徒の弱点を把握していた。調査対象者がこのように選抜されたため、その数は20名に絞られた。「標本数」が少ないのはそのためである。

生徒アンケート

中学一年生が歴史の学習に直面する問題は何かを明らかにし、その学習をサポートできる方法を調べるために、二つの班についてアンケートが行われた[*]。

＊因みに、この調査のデータは、SPSS（バージョン20、IMB）と呼ばれる統計ソフトウェアを使用して分析された。

A班：従来の歴史学習に対する生徒の態度　この班では、五つの関連する質問がされた。質問の詳細は省略するが、全体として言えることは、生徒は教師と一緒にいるときだけ歴史を勉強していたということである。それまで、教師と一緒にいて、教科書を読む以外の方法がなかったからである。

B班：アニメーションを使った歴史学習に対する生徒の関心度を測るため、五つの関連する質問がされた。

表　生徒のアニメーションに対する関心

	強く意同	同意	分からない	同意しない	強く同意しない
アニメーションが好きです	11	5	1	2	1
アニメーションを使って学ぶことができてとてもうれしいです	11	4	3	0	2
私はいつも携帯電話を使って自由な時間に映画／アニメの物語を見ています	7	4	4	3	2
私は自分の想像力を利用して歴史的事実を覚えています	8	7	4	0	1
自分で描いたアニメーションスケッチで教科書の内容をまとめることができます	5	5	7	1	2

この班の生徒には、アニメーションが好き、とても好きだという生徒があわせて十六人もいる。また学習にアニメーションを使うことに、十一人が強く賛成し、四人が賛成している。余暇には携帯電話を使って映画やアニメーションをいつも見ていると答えた生徒は十一人いる。これは、今日の生徒に見られる一般的な現象であり、ネイティブデジタルと呼ばれる世代の特徴でもある。またかれらは、アニメーションスケッチを自分で描くことで教科書の内容をまとめることもできる。

教員インタビュー

教員へのインタビューでは、三つの質問がされた。それは教科書を使って歴史を学ぶだけで十分だと思うか？　教科書以外に学習教材を追加する必要があるか？　歴史教育でアニメーションを使うことを、あなたはどう思うか？

生徒アンケートとこの教員インタビュー二つの結果を併せて考えると（インタビューの詳しい分析は論文にはない）、歴史を学習させるためにアニメーションの副教材を使うことに、生徒と教員双方が肯定的な評価をしている、この調査はそう結論づけている。アニメーションを使用することで、生徒が学習プロセスをより効果的に理解できるようになる。これは、アニメーションには、生徒が授業をフォローし、学習し、学業成績を向上させることができる独自の機能があるためである。とりわけ生徒が時間をより効果的に管理するのに役立つ。「同じ内容を理解するのに三十分かかる教科書を読むのではなく、二分で理解することができる」という指摘もある。マレーシアの学習システムは生徒中心の学習にするための新たな革命を経験しているのであって、アニメーションの援用はこのような目標と時宜に合ったものであるため、それをより迅速に行う必要があるというのがこの論文の主張である。

マレーシアの「結論」は、教科書を読みこなすことができる優等生は別にして、そうでない生徒、特にデジタル世代の生徒については、日本の歴史教育にも当てはまるような結論ではないだろうか。ただ私は、歴史の解釈が様々にできる社会では、アニメーションの持つ情報量や影響力は社会全体がある程度コントロールする必要があるとも考えている。

さて、この研究でいうアニメーションとは授業後の自習用の副教材である。因みに、広くネット上の動画サイトには、「対馬海戦」[*]など歴史的経緯と軍事的な詳細を学ぶことができるドキュメンタリー的アニメーションを見つけることができる。

＊ Russo-Japanese War 1904-1905 - Battle of Tsushima DOCUMENTARY

次は、私の教える美大で芸術的なアニメーション作品を使いながら、二〇二〇年度に授業を行った実践例である。ここから具対的な作品に沿って話をすることになる。

2 『リヴァイアサン』の映像を「遅回し」したら見えてくるもの——イラスト化

『リヴァイアサン』はクロアティアのアニメーション（いわゆるザグレブ派、詳しくは次節で）が、コンピュータ技術での遅れを克服した二〇〇〇年代、二〇〇六年の傑作である。監督ナラトは現在ザグレブフィルム社（ザグレブ派の拠点）のアートディレクターをつとめている。国家を否定するような作品で有名な監督が、クロアティアを代表する企業の要職にある、まずそのことが興味深い。

作品については映像サイトでLeviathan - Simon Bogojevic Narath - 2006を参照してほしい。タイトルは、トーマス・ホッブズの政治哲学書『リヴァイアサン』（一六五一年）からとっている。内容も、同書の、人間は放っておけば弱肉強食の「狼の社会」を作り出すので、互いの合意によって絶対的権力を編み出すという考えを踏襲している。それに対して、作者ナラトと仲間たちは、クロアティアが旧ユーゴから独立する過程で自ら内戦を経験し、内戦後に「国家」に関する疑問を動画で表現したのである。（因みに映像については、いくつかの場面にチェコのシュヴァンクマイエルの影響も見てとれる）。

この作品を私は東京造形大学の学際（専門横断）的な授業で見せた。すると、最終的なプレゼン課題で、ある学生*が興味深い分析をしてくれた。学生本人が言うには、「今回私は『リヴァイアサン』に対しての前知識が全くと言って良いほど皆無だったのですが、それを逆手に何も情報を入れない状態で勝手に考察をすることで、なにか面白いものができないかなと思い」、このような分析の方法を採ったとのこと。小物やシンボルなどの図像を読み解き、それをベースに画面構成に含まれた意図を自分なりに考察したのである。

＊当時4年生の中野日向子さん、アニメーション専攻である。この授業そのものはアニメーションの作品研究や作家研究、できれば作品

人の落書きがされた口からコンクリートが出てきて王城を這いまわり、王国を新しく作っていきます（国の偉い人の落書き？）既にあるものを再利用して国の再建を図るのですが、その際まず戦車を生産する点がこの王国の軍事国家としての特徴が観られます。

王国を再建する際、レンガや塵など元々あった物を再利用しています。また、どんなに時代が流れても多くの人々が王城を再利用し、城内で生活しているように思えます。使えるものは何でも利用するのがこの国の特徴なのでしょう。

や作家の影響関係を一つの時代の中で考察することを目標としている。

この学生は、十四分四一秒の作品を内容上いくつかのセクションに分ける。各所にあらわれるシンボルに沿って、その内容を分析している。動画を遅回しにして初めて見えてくるシンボルを丁寧に分析しており、ただ動画を流し見するだけでは見えてこないものが見えてくる。私が思うには、ナラトらが言いたかったことを、この学生は映像からよく読み取っている。では各セクションの分析内容を、必要に応じて静止画とあわせながら、見ていこう。

セクション一

今や荒廃した何処かの城砦が『リヴァイアサン』の舞台だが、揺れている国旗が絶えず変わっているという表現から、この国は支配者が絶えず変わってしまう「名前のない国」であることか分かる。

セクション二

人の落書きがされた口からコンクリートが出てきて王城を這いまわり、それが王国を新しく作っていく。既にあるものを再利用して何かが国の再建を図る。その際まず戦車を生産する点がこの王国の軍事国家としての特徴が見られる。

晴れやかな街の下方では、奴隷か階級の低い労働者たちが橋を修繕しています。しかし、橋の上では毎日お祭り騒ぎを開き、労働者たちにとって余計な仕事を作り負担をかけています。

セクション三

民衆が、まるで亡者のように、ひたすらその時代の指導者を賛美しているが、これは、「人は基本的に残虐かつ無知で、人は放っておいたら殺し合いを始めてしまうため、強い指導者による統治と支配が必要なのである」という原作のリヴァイアサンのテーマに沿った内容となっている。

セクション四

時代が変わるとともに、世論もまた変わっていく。人種や民族など、どのグループを貶め断罪していいかも常に変わり続けており、人々はテレビから流れるプロパガンダで指定されたグループにこぞって石を投げる。この世界は誰かの不幸によって潤いを与えられている。

セクション五

戦争によって国には平和と繁栄がもたらされるが、よく見ると人々の中には誰かをリンチにかけたりナイフを持って傷つけ合っていたりと、国が平和になることで逆に人間の持つ凶暴性が露骨に見え始めてくる。

セクション六

そしていつしか、王城は最初の廃墟のような状況になってい

このカットは最初は騒いでいるだけかなと思ったのですが、よく見ると大勢に囲まれている中心で、女が骸骨にナイフを突き立てており人間の加虐性が顕著に現れています。このカットの内容を考察すると、あの骸骨は戦場で身を子にして戦い抜いた兵士だったのですが、戦争が終わり平和が訪れた瞬間に社会から必要とされなくなり、さらにこの時期流行りだした平和主義を掲げる件の女にやれ人殺しだのやれ冷酷だのと罵られているのではないでしょうか。

く。人がいなくなって国が滅ぶ、その最後の最後まで三つの人種は殺し合っており、どこまで行っても変わらない人間の本質を象徴的に描いている。

セクション七

過去を覆い隠すように新しいポスターがベタベタと貼られていき、こうして過去にこの国で何が起こったかも忘れ去られていく。最初と最後にのみ鳥が訪れるということは、この鳥は平和の象徴として描かれているのではないかと推測する。（「国家なんて碌でもないもの、さっさと滅んでしまった方が世界は平和になるよ」という皮肉が含まれているようにも思える。）

セクション八

しかし、ラストの渡り鳥が一瞬鷲の姿を形作り、猛禽類の鳴き声も聞こえてくることから今後、悲劇の歴史は繰り返し、このアニメーションは永遠にループして行くという風に私は考えている。この作品のラストを最初に持っていくと、作品が綺麗に完結する。

そしてこの学生の結論はこうである。

「私は『リヴァイアサン』を考察する際、一本の映像作品という括りで繋げて観るのではなく、1カット1カットが一つの風刺作品で、この作品はそれらを画集のように一つに纏めたものなのだと考えました。その結果、ポスターや絵画など一つ一つの要素に何かしらの意味があるのではないかなと思い、このような形のレビューにしようと思いました」。

動く映像を通常の速さで見る限りでは作者の主張を深く読み込むことは難しい。私も、一度ナラト本人に、この作品のあらすじがないか問い合わせたことがあるが、それが送られてくることはついになかった。その中で、私が神奈川県立近代美術館でザグレブ派の紹介をした時（「東欧アニメをめぐる旅」二〇一四年）よりも、この学生のプレゼンの方が作者たちの意図がはっきりと分かったように思える。

ここまでがアメリカで言う「イラスト化」の興味深い具体例になる。

同じ授業で別の学生も第二次大戦後世界的に見られた実験的アニメーションについて、興味深く、示唆的な分析をしている。次の3では、まずその分析を紹介し、私が一九五〇年代から六〇年代にかけての、実験的アニメーションの世界的共鳴現象についてプレゼンしてみる。例の論文が言う「コンテクスト化」、ある時代の出来事の全体的な関連性の把握がこれによってできるはずである。とくに短編アニメーションの場合は、短時間の作品をいくつか観るだけで映像表現の時代的特徴なり、影響関係なりが良く分かるのである。

3　一九五〇年代から六〇年代にかけての実験的アニメーション——コンテクスト化

今でも和製洋酒のＣＭ動画に使われるアンクルトリスだが、その歴史は古い。作者は柳原良平。かれは

柳原良平さんといえばこの直線のあるデフォルメ

紅葉型の手をしています。簡略化して榊原さんの直線的なデフォルメにあっている形。しかし、この形は切り絵で制作されているからこそこの形になったと思う。カミソリを使用した切り絵だからこそこの形になってるといえる。

一九五四年に寿屋（現サントリー）に入社し、宣伝部でポスターを描き、またイラストの新聞広告も手掛けた。そして一九五八年のテレビCMでアンクルトリスを登場させた。商業的な成功を収めた柳原だったが、一九六〇年に実験アニメーションの世界に足を踏み入れている。

この時期の柳原の人物表現について、私たちの授業である学生*が細かい点に気がついた。

*当時アニメーション専攻4年生だった酒井陽菜さんである。

この学生のプレゼンを足がかりにして、柳原のアニメーションに関

> 日本酒の新聞広告のほとんどは筆のタッチの絵であったため
> キレの良いフォルムが当時ハイカラだった洋酒に合っていた
> と柳原自身分析する
>
> 新聞広告に作った人物像をCM用に作り替えた
> キャラクターの性格づけはサンアド宣伝部　開高健　酒井睦雄さん
> との３人で行った
> 一番考えたのは、動く映像であること
> テレビの横長のフレームの中で表現すること
>
> キャラクターが効果的に見える用に、３頭身の低いプロポーション
> にし、顔を大きくした
> 表情の変化を見せる為に白目をつけて、白目の中の黒目の動きで
> 視線や喜怒哀楽を表現した
>
> ソールバスに負けないようなアニメーションを作りたいとほとんど
> のデザイナーが思っていた頃です
> とことこ歩くのではなくてスッと移動する
> 省略はデザイナーの魂。いらないものはできるだけ省いて、伝えた
> いことをわかりやすくする

線画になった場合は、手に丸みが付く。色紙は貼り重ねるのではなく、はめ合わせている。紙の層はできない。偶然性も味方するため失敗がなさそう。その上、さらにペンで書いている

する活動、そして同時代のアメリカの新しいアニメーション運動に焦点を当ててみよう。これにザグレブ派を加えれば、ディズニーとはまた違う世界のアニメーションの、実験的な動きの関係図が見えてくるはずである。実はこの関係図には若干政治的な意味合いもあるのだが、ここではアニメーション運動の関係図に絞って見ていこう。

柳原がその新しい世界に踏み込んだのは一九六〇年の「アニメーション三人の会」での発表会だった。この会について、現代美術のある辞典は、「1960年代に草月アートセンターを中心に活動した日本のインディペンデント・アニメーションを代表するグループ」(現代美術用語辞典VER、2・0)としている。事実、六〇年のテレビ番組でのアニメーション制作をきっかけに久里洋二、柳原良平、真鍋博の三人によって結成され、草月会館にて同年十一月に初めての上映会を行なった。六四年からは一般公募と海外からの招待作品を集めた「アニメーションフェスティバル」(一九六六年)へと発展し、「三人の会」自体の活動は消滅した。

それ以前の一九五六年には東映動画が創設されたが、同社はディズニーの自然主義というか、いわばリアリズムを踏襲しようとした。一方「アニメーション三人の会」は、ディズニーの自然主義的なスムーズな動きのアニメーションではなく、UPA(United Productions of America)の非自然主義的でぎこちないアニメーション(リミテッドアニメーション)やソール・バスの映画のタイトルなどのユニークなデザインに影響を受けた。

ではUPAはどのように新しいアニメーションを作ろうとしたのだろうか。

この授業で私は、一九五〇年代から六〇年代にかけての様々な価値観の変化について触れた。戦前の考え方を、戦争の混乱から落ち着きを取り戻しだした頃に、大きく見直すことは世界中、様々な分野で進んだのである。このように時代を大きく捉えた上で、アメリカではアニメーションでディズニーを乗り越えようとする動きがあったことを見直してみよう。そのような動きの代表例がUPAである。

ＵＰＡは、アメリカのアニメーション産業で高まりつつあった労働運動が、ディズニー・スタジオ一九四一年のストライキを起こしたあと、ディズニーを離れた作家たちによって作られた。創立は一九四三年とされるが、組織は二〇〇〇年まで存続した。

初期のＵＰＡは米国政府の委託を受けてアニメーション映画を制作したが、ＦＢＩが一九四〇年代後半に共産主義活動を疑ってハリウッド（ＵＰＡも含めて）に捜査の手を伸ばす中で、政府からの委託を失った。そのためＵＰＡは、アニメーションの劇場映画の制作に着手し、コロンビアピクチャーズと契約を結んだ。しかし、一九六〇年代初頭、主要なハリウッドスタジオ同様、UPAも財政難に見舞われ、スタジオは売却された。新しい経営陣は、ＵＰＡの活動の重点をテレビに移した。このテレビ時代の成果が『近眼のマグー』シリーズである。因みに一九七〇年代以降は日本の東宝映画の作品（『ゴジラ』も）を配給した。ＵＰＡは二十一世紀まで事業体として存続したが、その芸術的意義と影響力は、コロンビア傘下で劇場の短編映画を作っていた時期以降、事実上収束したと見る向きも多い。

ＵＰＡに関しては、まだモノグラフ（専門研究）はないようで、いくつかの事典による記述があるだけだが、それらにはジョン・ハブリーに関する記述に明らかな違いがある。*まずＵＰＡ創設の参加者にかれの名を挙げず、元ディズニーアニメーターのスティーヴン・ボサストウ、ザカリー・シュワルツ、デビッド・ヒルバーマンの名をあげる事典が有るのに対し、ハブリーが創設に参加したのみならず非ディズニーのリミティドアニメーションを（予算上、表現上）意図的に選択したのもハブリーだとする事典がある。またかれが五〇年代にＵＰＡを離れたのは下院非米活動委員会によるいわゆる赤狩りによるものであり、それがＵＰＡの活動に大きなダメージを与えたとする記述と、それと異なる記述とがある。ハブリーは、共産主義者との関わりを持っていたため、一九五二年五月に解雇されたようである。ハブリーが去ると、ＵＰＡの創意工夫の大部分も彼と共に去った、という事典の記述は、今後のアニメーション史研究にとっての一つの宿題を提示している。

＊事典というのはウィキペディアなのだが、同じウィキペディアでもＵＰＡの項目とジョン・ハブリーの項目で内容にはっきりとした違いが有る。

あるいは、ハブリーに限らず美術・デザイン史の大きな流れからＵＰＡアニメーターの作風を位置付ける見方＊もある。それによるとＵＰＡのアニメーターは、そのほとんどが大学のアートプログラムを修了しており、ウォルト・ディズニーが開拓した、階層化されたスタジオ制作システムと、ディズニーの比較的リアルなキャラクターアニメーションに不満を感じていた。そのＵＰＡアニメーターに、シカゴのニュー・バウハウスの光と色のカリキュラムの責任者であるジョルジュ・ケペッシュの著書『視覚言語』（一九四四年）は、視覚芸術の教育機能やデザインコンポーネント（パーツの集合）についての分析概念によって、大きな影響を与えた、という踏み込んだ見方である。

＊UPA (United Productions of America) by Leskosky, Richard J. Routledge Encyclopedia of Modernism.

この視覚芸術史に踏み込んだ指摘は、今後への問題提起になるだろう。一方、ハブリーとＵＰＡに関する世界大百科事典の評価は、一つの妥当な評価と考えられる。今後も受け継がれるべき基本線だろう＊。

【アニメーション映画】より

……この傾向はついにディズニー作品（《ドナルド・ダック》シリーズなど）さえもまき込んで５０年代まで続く。ディズニー・プロに反旗をひるがえして独立したスティーブン・ボサストウ，ジョン・ハブリー，ロバート・キャノン，アーネスト・ピントフらが，彼らのプロダクションUPAを結成したのも第2次大戦中である。ディズニーが完成した〈フル・アニメ〉に対し，意識的に動画数を省略した〈リミテッド・アニメ〉と呼ばれる技法によるロバート・キャノンの《ジェラルド・マクボインボイン》(1951-56)，グラフィック・アートの中に詩情を漂わせたジョン・ハブリーの《ムーンバード》(1958)などの作品によって，従来のアニメとは異なる質のデッサンと動きを開発することに成功した。…

＊出典 平凡社世界大百科事典 第2版、コトバンク。ハブリーの英語つづりについては同事典を参照されたい。

そのハブリーがUPAとともに作ったアニメーションに『フォー・ポスター』(UPA animation from The Four Poster, 1952))がある。実はこの作品がクロアティアのザグレブフィルム社(一九五六年設立)に送られたらしいのである。ただこの説も、ザグレブ派を代表するヴコティチ本人が『フォー・ポスター』を観たとは断言していない。ヴコティチは雑誌でUPAのスティール画を観たり、かれらのアニメーションの特徴は知っていたが、実際の動画を観たという証拠はないようである。私もクロアティア・アニメーションの生き字引のような作家ボルドに会ってこの点を確かめたことがある。すると、初期のザグレブ派の作家たちがリミテッドアニメーションの動画の例を観てそれを真似たという事実はないとボルドは答えていた。ただそれでも『フォー・ポスター』とザグレブ派ミミツァ監督の『孤独の青年』(Samac (The Lonely) - Vatroslav Mimica (1958))のデザインや動きは似ている点があるし、さらにザグレブ派ヴコティチの『銀行ギャング』(CONCIERTO PARA AMETRALLADORA (Koncert za masinsku pusku) Dusan Vukotic, 1958)と『エアザッツ(代用品)』(Animation Surogat (Zagreb Film-Dušan Vukotić, 1961))、そして柳原のアンクルトリスの動画を比べてみてもデザインなり動きは似ている。そこから見えてくるものは、仮に予算的な制約により絵の枚数を減らさざるを得なかったという事情もあったにしろ(ザグレブ派)、むしろ美的な、表現上の理由でディズニーとは違う道を求めた五〇年代から六〇年代という時代の、実験的・挑戦的な風潮（ソール・バス、柳原良平。二人の名前の日本語表記で動画サイトに入っても、関連する動画を見つけることができる）が三つの国を覆い、UPAを要として三国のリミテッドアニメーションを直接・間接に繋いだ様子を読み取ることができる。この、UPA、ザグレブ派、「三人の会」の挑戦こそが新たな（ディズニーとは違う）歴史を作る行為だったと言えるのではないだろうか＊。

＊因みにこの時の変革者の一人久里洋二は、九十代半ばの今でも漫画を描いている。皆さんSNSで久里さんをフォローして、はげましてみませんか？

因みにザグレブの国際アニメーションフェスティバルに手塚治虫と久里洋二は頻繁に参加しており、手塚治虫の『ジャンピング』は一九八四年の第六回ザグレブ国際アニメーション映画祭でグランプリを取っている。手塚はクロアティアでは、日本と違って、実験アニメーションの作家として有名である。また久里洋二は、二〇一二年の同映画祭で功労賞を授与された。

ヴコティチの『エアザッツ（代用品）』は、一九六〇年度アメリカ人以外ではじめてアカデミー賞を取ったアニメーション作品である。その内容はアメリカの消費文化を明るく皮肉っているが、当時のユーゴスラヴィアは一九四八年にソ連の陣営から逃れて「西側」に接近するという複雑な事情を抱えていた。参考まで。

現在でも「伝説的な先輩たち」と呼ばれるクロアティアの古い作家たちの、デザインや音楽、言語を使わない、それでいてブラック・ユーモアを追い求めた姿から学ぶことは今でもあるのではないだろうか。

第二章　歴史、事実とアニメーション——ドキュメンタリーとの接点

1　クルレジャのバラードで描くクロアティアの人々の歴史認識

私は、ここ十五年あまり、アニメーションでクロアティアの歴史を描いている。ここで、その作品たちに私自身の解説を付け加えてみる。これらの作品を通じて、皆さんに小国クロアティアの歴史を体感してもらいたいのだ。

はじめに、文学者M・クルレジャのバラード（物語詩）をもとにクロアティアの歴史を描いたアニメーションを紹介する。この作品を参考にしながら自分たちの作品をプロデュースしたからである。内容としては、キリスト教世界とイスラム教世界の衝突する場で、戦争と収奪に晒された人々のルサンチマン（恨み）がよく伝わってくる作品である。

作品を監督したのは、クロアティアの奇才Z・ボウレク。ボウレクは絵画を学んで舞台美術に取り組み、人形制作もする多才な人だった。アニメーションとしてはコラージュを使った作品『ベチャーラッツ―ダンシング・ソングズ』やイタリアとの合作『めす猫とアフロディテ』（邦題『猫』）などが有名である。

かれの『はるかな霧と土煙の中に』は、クロアティア第一の文学者M・クルレジャのバラードをベースにしており、何よりも、クロアティアの貧しい農民たちの目線で外国や貴族の支配を告発する内容になっている。農民

たちは、一五七三年など、実際に一揆をおこすが暴力的に鎮圧された。

クルレジャは詩的なバラードに、ブラック・ユーモアを取り入れた。その狂言回しに当たるのがケレンプフなる道化で、ドイツのバラードに登場するオイレンシュピーゲルのような存在である。このバラード集はクルレジャ一九三六年の、つまり第二世界大戦前夜の作品で、時代の緊張感の中でかれなりのリアリズムを追究したものと言える。そしてこのリアリズムが一九六四年、ユーゴスラヴィア社会主義体制の下で再現されたのである。

ボウレクは本来遊び心いっぱいのアーティストで、この作品は自分をかなり抑えている。ただ、それがむしろ功を奏して、この作品を見終わった後は、無力感やあきらめの気持ちが印象として強く残るだろう。

まずは、『はるかな霧と土煙の中に』の狂言回しのセリフを拙訳で読んで欲しい。ただ、クルレジャ独特の言い回しやことば遊びが多く、完全な訳は困難であるため、今回は要旨に留めておく。ここでは、バラードの方言を、日本の北関東の方言に置き換えることに挑戦してみた。ローカルな感情を少しでも感じ取ってもらえたらと思う。

なお肝心の映像はネット上で検索されたい。I videl sem daljine meglene i kalne (Bourek, Krleza, Balade Petrice Kerempuha)

《ケレンプフの狂言回しと一部字幕》

1　静かに。お黙り！　何だってんだ。おかしなもんでも観るように。あんまり笑ってばかりいると、いっちょ鉄砲でもぶっ放すぞ！
まあ、おいらの話を聞いてみな。

字幕　十六世紀のクロアティアは、四方から大国にせめられ、国土は最小になった。「ヨーロッパの砦」などと持ち上げられながら、南からはオスマン帝国に侵攻され、北部や中部はハプスブルク帝国に支配され、その軍隊に利用された。こうしてクロアティアは、いつも戦争に巻き込まれ、その歴史上最も辛い時期を迎えていた。

2　さあ、心の眼を開けてみな。そしたら見えるべ、深い闇。それから霧と土煙。そこを弓矢が飛び交って、火薬が破裂してるべさ。位を指差す兵士の死骸。逃げろや逃げろ、皆の衆。もうすぐ戦が始まるぞ。

3　コペルニクスは天文学者、皇帝様（ルドルフ二世）は邪悪な魔王。軍の手先はクルド《ママ》の兵士。ラテンの兵士は御用済み。「ヨーロッパの砦」だって？　プラハのえらい衆にゃどうでもええこと。そんな考え邪魔なだけ。心配なんてするものか。

4　絞れるだけ絞る旦那衆。ワシらの息子に何してくれた？　お洒落な格好で首吊りを見に。上手に車輪にひっかける。焼けたペンチで爪を剥ぐ。だけど神が全てを解決してくださる。神様のご意志は固いはず。けどその神よりも、貴族がやっぱり強いのさ。ハーッ、ハ、ハ。泣いても何にもなりゃしねえ。酒場じゃ皆が騒いでおる。お前の息子の弔いで、仲間がしこたま飲んでおる。おっ母様がやってきて、夕方近くにミサに出る。

5　ピーヒャラ、ヒャラリ。首吊り所に笛吹男。ピーヒャラ。ヒャラリ。首吊りの下に集ろや。帽子は斜めに被ろうや。雨も風も気にしねえ。悪魔が鐘を盗んだら、首吊る他はなかろうに。貧乏人ほど首吊られ、貴族の旦那は天国さ。いつも五月は血に染まる。夢はやっぱり叶わねえ。ワシら農奴に賦役がないなんて。戦に行かずに済むなんて。兎にも角にも元どおり。今までずっとそうだった。明日もきっとそうだんべ。いつもずっとそうだった。これからもそうに違いねえ。砦作りに男が出され、基礎を掘ったり、土盛りしたり。何でそうでなきゃならん。農奴がひもじく、軍人様は腹一杯。

6　今までずっとそうだった。敵の敵はみかた。今の敵はオスマンじゃねえ。ハプスブルクの国。やっとひもじくなくなれば、トルコの兵と戦わされる。どこで死のうとおんなじさ。異郷の地だろとザグレブだろと。ザグレブならば大聖堂、葬儀じゃただの一信徒。神様からすりゃ犬っころ。緑の剣。黄色の剣。燃えるような血の色の剣。紅い血吸ったコヴルディン剣。剣に彫られたラテンのことば。もうすぐ死をもたらすと。もたらすのはどっちだべ。緑の剣か、黄色の剣か。何のために流される、脂ぎった無口の血。恐ろしくぬるい、盲目の血。今までずっとそうだった。これからどうにかなるんだか。なってもしばらくだけだんべ？

1の字幕が十六世紀のクロアティアの状況を手短に描写し、そこからクロアティアの貧しい人々の目線で彼らとその子弟が戦争に巻き込まれていく様子が描かれている。このアニメーションで、何がどこまで皆さんに伝わるだろうか？

2　英雄物語を映像にしながら感じ取るクロアティア史の事実

次に、アニメーション三題四作品の映像を紹介する。歴史学上、アニメーションは、九〇年代の世界で、劇映画に比べると歴史家たちから取り上げられることは少なかった。劇映画に比べれば身体性・写実性が乏しいということも要因だったかもしれない。だが私にとって、学生たちと映像を作る上ではアニメーションの方がやりやすかった。人数も予算も抑えることができた。なお本作の制作に直接当たったのは、当時東京造形大学の学生だったが、その後映像やデザイン関係で活躍している風澤勇介、川部良太、風間優佑の三氏である。

四作品とも、東京造形大学の助成による「文明の衝突する地域における共生文化とその視聴覚的表現の研究」を基に制作が始まった、クロアティア史のヒーローに関するものである。このヒーロー像からクロアティア民衆の歴史観や正義感が見えてくるはずである。近世、クロアティア国家が最も困難な時期の話だが、四つの作品が扱う時期は約一世紀づつずれている。主人公は、難民出身の海賊から国境警備隊長、そして大貴族（貴夫人）と様々である。そのうち海賊になった難民は特定の人物ではないが、その他は実在の人物である。

四作品を作るにあたって、どのヒーローを選ぶかという所からクロアティアの歴史家と相談して決めた。③の台本はクロアティアの歴史家が書いている。①と②は越村が当時学生だった三人とともに書いた。ただ①などは、越村の映像作家への背景説明が足りなかったかもしれないと反省している（映像ではウスコクたちが自分らの船より大きな船と戦っている。当時の版画がそうなっているのだが、実際は夜間ひそかに襲った可能性がある）。その他にも、読者が何らかの違和感を感じ取ったとしたら、それも知りたいところである。

一方、私自身がこの四作品の意味や特徴をどう捉えているかは、第三章の終わりに述べたい。

この四作品とも、左のQRコードを使って観ることができる。それらの作品は、①「ウスコク／キリスト教世界の英雄」（十六・七世紀アドリア海の海賊と遊牧民の物語）、②「ストヤン／境界の英雄」（十七世紀ヴェネツィアの国境警備隊長であり盗賊だった男の物語）、③「反逆の大貴族ズリンスキ」（クロアティア最大の貴族の、ハプスブルク家に対する何代にもわたる確執の物語）である。①の作品から、日本の今の若者には核家族の社会しか見えず、一族単位で移動した遊牧民の社会は想像しにくかったことが分るかもしれない。②からはイスラムの宮廷でも生きられたのに、結局は生まれ育った故郷に帰る境界民のアイデンティティが描かれる。またここではイスラム教徒から財宝を奪い故郷でそれを配ることが美徳とされている。とにかく、主人公は境界民を守るために帝国と戦った「境界の義賊」である。③は、同じ脚本をクロアティアの青年と日本の若者（ミスラヴ・トマシニャク、風澤勇介）がそれぞれ映像化している。作品は③－A（クロアティア版、なお英語字幕と映像仕上げを謝振威くんにお願いした）、③－B（日本版）となる。クロアティアの大貴族がハプスブルク家と対抗する中で最後にオスマン帝国と手を結ぶ様子が描かれるが、二つの映像でこの点どのように描かれているか、微妙な違いではあるが、これも観る人たちに違いを感じ取ってほしい。因みに、クロアティアの青年も日本の若い映像作家も、作品を作った時点では母国以外の見聞はあまりなかった。QRコードから見ることができる四作品はいずれも英語の字幕しかないが、ここでは、その日本語版の字幕を紹介する。

なお四作品の制作開始は十年以上前でも、映像の手直しや字幕を付けるまでに時間がかかり、最終的な完成は②と③－Aが二〇二一年、①と③－Bが二〇二二年である。

①『ウスコク／キリスト教世界の英雄』

オスマン帝国からの難民、彼らは生きるためにハプスブルク帝国「公認の」海賊に加わる。海賊のリーダーはキリスト教徒のイスラム教への反抗を大義とするが、部下は飢えのために近隣の住民を襲うようになる。その混乱の中で主人公の難民の息子が殺められる。個人の不幸とキリスト教世界を守るという大義の間で葛藤する主人公。果たして英雄とは何なのか。

時代は十六世紀から十七世紀にかけて。『はるかな霧と土煙の中に』と時代設定はほぼ同じ。ただ、主人公は元々遊牧民で、オスマン帝国からの難民。かれらが海賊の街の近辺にやってきて海賊になったという事実をもとに、またウスコクの一部が住民を襲ったという事実をもとに、架空の親子の運命を描いた。このような事実と事実の「組み合わせ」という点では、『スリーウインターズ』と同様である。では内容に入りたい。なお、セーニは現在のリイェカの近くである。

冒頭の図像　イスラム教徒と闘う勇猛果敢なウスコクのイメージ

字幕　ここはアドリア海の沿岸に位置するセーニの街。

映像　遊牧民が移住する様子

字幕　街に程近い要塞ネハイの裾野に、オスマン・トルコの支配を逃れたキリスト教徒たちが安全と豊穣を願い、新たな集落を形成した

映像　ネハイ要塞の足下

草も少なく、羊の乳の出も少ない

遊牧民の家族　母カータ　息子ユリシャ　父ヴーク

字幕　ある家族の父ヴークに仲間が言う

「セーニの街でウスコクになり、まともな暮らしを手に入れよ」と。

セーニの街は海賊ウスコクの根城になっており、船は彼らが持ち帰る戦利品で溢れ、街は活気に溢れていた。

映像　そしてヴークはウスコクになる。

字幕　海から戻ったウスコクたち、そのリーダーはイヴォ・セニャニン。

セニャニン率いるウスコク団はセーニ近海を通るオスマンの船を襲い、金品や財宝を強奪した。

映像　小型の船ながら、大きなトルコ船を襲う（鉄砲を使ったり、夜陰に乗じたりして）。

字幕　だがウスコクを恐れてオスマンの船は沿岸を避ける。ウスコクはタブーとなっていたヴェネツィア船襲撃に手を染める。多くのウスコクは外国の船からの略奪品をセーニの人々と分け合った。新参のウスコクの一部はセーニ周辺の村に略奪品を持ち帰った。
しかしその幸せは長くは続かなかった。ウスコクの略奪を見かねたヴェネツィアの軍艦によって海上封鎖され、ウスコクは海賊行為ができなくなる。
ある時、頭領のセニャニンが留守の時にウスコクの中から周囲の集落を襲撃するものが現れた。そして頭目セニャニンの知らぬところで悲劇は起きた。家畜を奪い、残り少ない食糧を奪うウスコクの手下たち、勢い余ってヴークの息子ユリシャの命を奪ってしまう。

映像　セニャニンの怒り
悲しみにくれる母カータ
苦悩するヴーク

字幕　キリスト教世界を守った英雄。本当の英雄とはなんだろう?

個人の現実と国境・社会の現実とが食い違ったとしても、時が経って後世の人々から見たら英雄であり続けた、ウスコクとはそんな存在ではなかったのだろうか。言い換えればクロアティアが境界地域特有の困難に直面する限り、海賊といえども、かれらは、自らの体を張って異教徒と戦ったヒーローであり続けたのである。

②『ストヤン／境界の英雄』

主人公はストヤン・ヤンコヴィチ。今日クロアティアに住むセルビア人の祖といわれる遊牧民たち、その英雄がストヤン。だが、彼の記念館が一九九〇年代の内戦で破壊された。この内戦では、宗派などクロアティア人とセルビア人の違いがことさらに強調された。しかし気をつけて欲しい、二つの民族はクロアティアの地で何世紀も共存してきたのであり、対立はむしろ現代の産物である可能性が高い。一方近世のクロアティアの国境では、もっと大きな対立と共存（イスラム教とキリスト教の）とが複雑に絡み合っていた。

実は三題四作品の中で最初に作った作品がこれであり、台本は私たち日本側が作った。そのためクロアティア以外の人々のために、時代背景の詳しい説明もしている。

ここでは実写の映像も使った。一方、映像全体の付録として、ストヤンの故郷周辺の風景写真を並べておいた。さて実写映像の合間で4分足らずの人形アニメーションが展開される。この4分間の話は、ストヤンがイスラムの軍勢に拉致されながら、オスマン皇帝によってその勇敢さを認められ、皇帝から刀を贈られたことを謳った民衆詩にもとづいている。近世のある程度の事実が近代の人々によって脚色されている。だが要は、クロアティア海岸地方の民衆が、ストヤンと皇帝の、宗教を超えた友情を讃えたことが重要なのである。一方、そうした「境界の寛容」が二十世紀末の情報化とグローバル化の中にあって「忘れ去られた」、ということをクロアティアの人々を含めて、世界中に想起して欲しいという思いが本作には込められている。

時代は十七世紀の後半である。

映像と字幕

映像　二〇〇四年　クロアティア

字幕　ここはクロアティア共和国の首都ザグレブから南南西二八〇キロメートルに位置するコターリの里。

映像　ストヤンの記念館

字幕　アドリア海に面した港町ザダルに近く、緑豊かな平原に寒村が続くこの地に、一部朽ちかけた石造りの建物が見えてくる。かつて、モルラクと呼ばれる半遊牧の人々がいた。この建てものは、今は忘れられたモルラクの英雄、ストヤン・ヤンコヴィチを讃えるための記念館である。

ストヤン・ヤンコヴィチ（?～一六八七年）

タイトル　『ストヤン／境界の英雄』

映像　時は十七世紀。クロアティアは、十二世紀から十四世紀にかけて、何度も国境が変わった。十六世紀からはそのほとんどをオスマン・トルコ帝国が占領した。

クロアティアとオスマン帝国の国境

スィサックの戦い

一六九九年の国境

字幕　半遊牧の人々には様々な呼び名があった。クロアティアの北部はハプスブルク家オーストリアが支配していた。オーストリアはオスマン・トルコとの国境地域に軍の直轄地を設け、屯田兵のような人々を集めた。この屯田兵として、半遊牧の人々が多数住むようになったが、今日クロアティアに住むセルビア人の多くは、こうした正教徒半遊牧の人々だった。

この屯田兵は土地の権利を与えられたが、代わりに息子のだれかを兵士に差し出すなど、軍の規律に従う義務があった。

画像　兵士とその妻

字幕　オーストリアは徐々に要塞を増やしていった。その周りに国境兵士の土地所有が広がった。

要塞都市カルロヴァッツ周辺、要塞都市スィサック、要塞都市ペトロニャ、要塞都市コスタイニツァ、要塞都市ドゥビツァ、要塞都市オブローヴァツ。
当時国境兵士が信仰を変えることもあった。人々は一旦定住すれば、地元の事情に合わせることもあったのである。
屯田兵の他に、ヴェネツィアとオスマン・トルコに占領された地域で重要な役目をしたのがモルラクである。

画像　モルラクとその妻
字幕　かれらは、そもそも夏と冬で牧草地をかえるような遊牧民だったが、オスマン・トルコからクロアティアの国境まで集団で逃れてきた。
一六八〇年代、オスマン・トルコがオーストリアのウィーンまで攻め込んだ頃、ヴェネツィアはオスマン・トルコと戦争せざるをえなくなる。そして陸地での戦闘力が足らず、国境地域に住み着いていたモルラクたちを傭兵として雇うことにした。

画像　闘うモルラク
字幕　当時モルラクは、正式な戦争と同時に、いわゆる「小さな戦争」に携わっていた。捕虜を取ったり、敵の財産を奪ったりした。これは交戦の双方で行われた行為である。
一六八二年モルラクたちはオスマン軍勢と激しく戦ったが、ストヤンはオスマンへの無用な流血は控えるよう説得した、「境界で生きる」ためである。
一六八六年、ヴェネツィアは当時の最前線であったスィーニ奪還の指揮をストヤンに委ねた。与えられた兵力はわずかだったが、それまでの武勇で名を馳せていたため、ストヤンが攻めてくると聞いただけで敵軍は戦意を失い、スィーニは陥落したという。

その後ストヤンは、捕虜を連れてボスニアに侵攻したとき、反撃にあって戦死した。ストヤンは若い頃、オスマン・トルコの軍勢に囚われたが、逃走し、故郷へ財宝を持ち帰ったとされ、そのことを謳った民衆詩は現在もコターリの人々の間で歌い継がれている。

民衆詩のタイトル　『ストヤン、皇帝の財宝を盗む』

オスマンの軍勢がコターリを襲った。ストヤンの館も荒らされ、いとこのイリヤと共に連れ去られた。ストヤンには新妻がいた。トルコの兵隊はイスタンブルに連れていった。ただ皇帝様は立派なお方。ストヤンをトルコ兵に仕立て、九年と五ヶ月そばに置き、一つ館もあつらえた。けれどイリヤが囁いた、「ストヤン、明日は金曜、トルコの祝い。皇帝様もお出かけだ。おまえは蔵の、わしは厩の合鍵を。宝と駿馬を盗って、帰ろうコターリの里へ、離れ離れの家族のもとへ」。戻ったストヤン葡萄畑に。そこには老いた母。「見ず知らずの兵隊さん、年寄を案じてくれるか。わしに息子がおるんじゃが、トルコの兵にさらわれた。残った嫁がいじらしい。九年と五ヶ月待っとった。それが今日、再婚することに。わしは憐れで見とれんかった」。事情を察したストヤン、急いで館に駆けつけた。そこには祝儀のお客たち、一同ストヤン迎え入れ、酔ったストヤン歌い出す。「燕が一羽、巣を持った。九年と五ヶ月もの間。その巣を今日は壊すという。そこへ鷹が飛んできた。オスマン皇帝の鷹。巣を壊すなと告げるため」。この歌を聴いて、妻がはっと気がついた。ストヤンの姿を見返した。それから抱きついた。それから母も息子を何度も見返した。そして母は倒れた。ストヤンは母を抱きとめた。皇帝様がするように。

この詩からすれば、十七世紀の国境の人々は宗教を超えて勇者を認め合うこともあった。そのような勇者の代表がストヤンだった。しかし二十世紀の内戦の中でストヤンの記念館も非寛容の対立に巻き込まれた。

画像　再びコターリの里

字幕　内戦の後二〇〇四年にザグレブ大学の調査班が訪れたとき、内部には戦争の傷跡が残っていた。戦争のつめ跡は近くの村に行くともっと生々しかった。

写真　この付近ではオスマン・トルコが寛容な宗教政策を採っていた。しかし二十世紀の末に、セルビア正教の教会がカトリックの軍勢によって砲撃されたのである。

字幕　「クロアティア軍の砲撃を受けた正教の教会」

写真　それでも内戦が終わって九年の頃、地元の少年が「地雷注意！」と書かれた看板の近くでサッカーをするまでに落ち着きが戻ってきた。

字幕　「地雷注意」

二〇〇六年の七月

フランスとベルギーの若者たちが、記念館修復のボランティア活動にやってきた。落ちた瓦を拾い、崩れた石垣を片付けた。記念館は修復され、ここに博物館を作るという計画もある。あたかも西欧の若者たちが、クロアティアに多様な人々が生きたことを思い出させたように見える。

タイトル　「ここは戦いの地である、と同時に共存の地である」

確かな事実は、ストヤン・ヤンコヴィチが実在した人物であり、かれが命をかけてモルラクと呼ばれる同胞たちを守るために戦ったということ、またオスマン側の家畜を盗むという当時の戦闘方法を遂行する中で死んだということ。どちらも、ある時代、一つのマイノリティ集団にとっての「正義」だったのである。

なお後半で民衆詩を歌っているV・ラドミロヴィチ氏は、モルラクの末裔で、今でも牧畜を生業としている。

③『反逆の大貴族ズリンスキ』

この作品の脚本の原作者はN・シュテファネッツ。ズリンスキ家の研究について、クロアティア当代の第一人者である。ザグレブ大学の歴史家である。念のため。

邦語タイトル「ズリンスキ家のイェレナ夫人――反骨の大貴族」の字幕と映像

ただし映像はクロアティア作品を先に日本作品を後に見て欲しい。後者は全体に歴史教材風に仕上げられているが、二箇所にアニメーション映像が折り込まれている。そのアニメーション場面の一つ、シゲト（ヴァール）包囲戦は、ズリンスキ家を代表するニコラがシゲト城を包囲するオスマン軍に向かって突入したという歴史的な事実である。


字幕　十一世紀、イェレナの家系はブリビルのシュビッチ家、あるいはシュビッチ家と呼ばれた。かれらはザダル近郊に大きな所領を持ち、国の要所ブリビル地方の長官をつとめたが、ブリビルなど多くの拠点や要塞を持っていた。

十三世紀、かれらの影響力と人脈は国境を越えた。ヴェネツィアと交流を持ち、シチリアやハンガリーの王など、他の王室とも関係を強めた。

各国の権力者、有力者とも交際を深め、新たな領地を得た。新たな称号とともにかれらの威信は高まった。

パヴァオ・シュビッチはプリモリェの太守になり、クロアティアやスラヴォニアの太守にも！ボスニアでも勢力を広げ、ダルマティア君主を名乗った。ただかれらの栄達は地元名家をいらだたせ、他の貴族の反感を買った。そしてハンガリー国王までが、かれらに退却を命じた。

十四世紀、一三四七年、シュビッチ家はその拠点を、よそと交換するよう命じられた。その新しい城がズリン城だった。かれらは一旦権勢を失った。しかし新たな土地は肥沃で、森に恵まれ、水も清らかで領民も多かった。

ズリンスカ・ゴラと呼ばれる山には銀などの鉱物が！　時とともに新たな礎が築かれ、かれらはズリンスキ家と呼ばれるようになった。

十五世紀、足場を固めるとともに新たな栄進の道も。ハンガリー国王マーチャーシュ・コルヴィヌスが、ズリンスキ家に鉱山採掘権を与える。採掘権は高価だったが、グヴォズダンスコ、コスナ、マイダンの鉱山は栄え、国中から鉱夫が集まった。農業に加え、銀や鉄の採掘が同家の新たな力に。

また国王への忠誠が同家に硬貨鋳造権をもたらす。所領は拡大し、城や砦も増えたり、改造されたりした。唯一の気がかりはオスマン帝国の脅威。十六世紀、ズリンスキ家は分かれ道に！　当時ほかの貴族は没落、しかし同家は戦略的に閨閥を増やしていった。

子どもたちを有力な家々と結婚させ、ハンガリーなどの大貴族と相続関係を結び、その所領はアドリア海から西ハンガリーにまで及んだ。

（③―B映像　シゲト包囲戦　「勇ましく」、「英雄的に」）

ズリンスキ家の男たちは幼少から軍人として鍛えられ、オスマンとの戦いに参加した。

その経済力で同家は精鋭部隊を作った。その兵力はハプスブルク家にとっても重要で、ズリンスキ家の地位はさらに高まった。再び太守や地方長官の称号を獲得、国境の防衛を指揮した。ウィーン宮廷でも要職を占め、プロテスタントになったときも咎められなかった。たえざる戦役や国境の危険な生活の中でも、ズリンスキ家は贅をつくし、多くの召使いを雇い、ヴェネツィアやトリエステの港と交易をもち、食料、衣料、酒を南方から輸入した。

十七世紀、ズリンスキ家はヨーロッパが試練の時に栄えた数少ない例になった。息子たちは引き続き武術に励んだが、ペーテル・ズリンスキやニコラ七世のようにヨーロッパの文芸を学ぶ者も現れた。教育が重視され、図書も集めた。詩人や文人になる者もいた。ズリンスキは太守として、高名な廷臣として、オスマンとの戦いの前線にいた。ヨーロッパ各地でハプスブルク家の戦闘を支えた。またズリンスキ家は主な通商路を維持し、新たな港も拓き、経済力をさらにたかめた。そのためズリンスキ家は、皇帝がおそれる存在になった。

ハプスブルク家は同家の政治力を疎んじ始める。両者は経済的にも競合し、軍事目標はずれ始める。ハプスブルク家は長らくズリンスキの交易や港造りを容認していたが、塩の交易その他ではズリンスキ家と競合していた。

そしてニコラの時代、オスマンに奪われた土地を奪還すべく新しいズリン城を築くが、ハプスブルク家は他の戦線を抱えており、オスマンとの和平を望んだのである。忌まわしいヴァシュヴァルの講和（一六六四年）により、ズリンスキ家はオスマンから奪った土地を失う。新ズリン城は取壊しを命ぜられ、ズリンスキ家は従来の共通の大義を否定され、ハプスブルク家に対して憤りと失望を感じるようになった。

ズリンスキ家は報復を決意した。ハプスブルク家に敵意を抱くハンガリー高官、ズリンスキ家と近しいフランコパン家のような大貴族とともに、ニコラ・ズリンスキ七世は謀反を企てた。勇敢な兵士にして、才知にたけた政治家で、詩人でもあったニコラだが、狩りの途中でいのししに殺された。それは終わりの始まりだった。

ニコラに代わって弟のペーテルが謀反を計画、しかし武勇はあっても彼に兄ほどの政治力はなかった。ペーテルはフランスなどと組んでハプスブルク家を倒そうとするが、フランスはハプスブルク家との同盟を望んでいた。

一方、フラン・クルスト・フランコパンはイタリアに援けを求めたが失敗。教会の高位聖職者や国内の貴族もしたがわず、ハンガリーの大貴族も死去し、フランコパンのみが頼りになる！　絶望の中ペーテル・ズリンスキはオスマンに援けを請う。しかしこの策はあまりにも奇策だった。謀反はハプスブルク家の知るところとなり、ペーテルとクルストはウィーンに行き、許しを請うが失敗、首を落とされた。

ズリンスキ家の財産はすべて没収された。一六七一年のことだった。

「終章　イェレナ夫人の戦いとその成果」

イェレナ・ズリンスキ夫人はハプスブルク家の手でズリンスキ家が崩壊させられたことに激怒し、ハプスブルク家と生涯戦うことを決意した。

イェレナは一六四三年オズリェ（クロアティア）に、ペーテルの娘として生まれ、父の処刑後は反ハプスブルクの戦いに関わった。

一六八五年から八八年にかけて、ムンカーチの篭城戦で、夫人は自らハプスブルク軍勢と戦い、その勇姿は伝説になった。

（③―B映像　ムンカーチの篭城戦、「家族」と「誇り」のために）

戦況は絶望的だったが、イェレナは最後まで見事に戦った。城は守れず降伏したが、夫はオスマンと組んで反ハプスブルクの戦いを続けた。夫人は、オーストリアの修道院にとらえられたが、七年間二人の子のために耐えた。

その後、捕虜交換で夫のもとへ。しかしオスマンはハプスブルクと講和を結ぶ。反ハプスブルクの二人はトルコへ逃亡。イェレナ夫人はイスタンブルに、さらにニコメディヤに移る中で死去した（一七〇三年）。

ただイェレナが死んだその年に、ラーコーツィ・フェレンツ二世が、トランシルヴァニアで反ハプスブルクの蜂起を起こし、ハプスブルク国家に対し勝利をおさめている。実はこのフェレンツこそ、イェレナの第三子だったのである。

四作品それぞれが（②と③―B版はアニメーションだけ、①と③―Bはアニメーションと実写の組み合わせ）、大きな意味でアニメーション・ドキュメンタリーである。だが、これらを制作している段階では、私は主に素材をどう活かすかだけを考えていて、アニメーション・ドキュメンタリーの世界的な動きに目を配ることはなかった。しかし二〇〇〇年代以降、アニメーション・ドキュメンタリーは大きく発展し、活発な議論が交わされていた。幻想（やフィクション）と現実（あるいは事実）の関係についても活発に検討されていたのである。

3、アニメーション・ドキュメンタリーで歴史を体感する

第一章から、映像にはイラスト化とコンテクスト化という効果があることを指摘してきた。ここでは、まず、イラスト化に優れた『ピカドン』という作品を取り上げ、一方この作品をめぐるコンテクスト化、とくに時代の捉え方を理解するために、今日のアニメーション・ドキュメンタリーの動きをみていく。*

*ここで参照するのは、長尾真紀子さんの二〇一六年度女子美術大学の修士論文『アニメーションによる社会的・歴史的事象への言及の可能性について―「ピカドン」（木下蓮三・木下小夜子作品）の考察を中心に』と長尾さんの二〇一九年度博士論文である『アニメーションによるドキュメンタリー再考』。また、ニコラス・グアリン・レオンさんの二〇一七年度東京藝術大学の博士論文である『自伝的アニメーション・ドキュメンタリー――個人と記憶と体験をアニメーションで表現する』ある。

まず、『ピカドン』は一九七八年に木下蓮三・小夜子夫妻によって作られた。演出が蓮三、脚本が小夜子となっている。この作品はいわゆるアニメーション・ドキュメンタリーの先駆けとも言える作品で、私も『クロアティアのアニメーション』という小本でこの作品に触れた。最近、書き込みで有名な動画サイトでこの作品を観たところ、今の若者たちの率直な感想が多数書き込まれていた。それを観たとき、これもまた私が求める「体感する世界史（インタラクティヴという意味で）」だと思った。

このような『ピカドン』の制作過程について、木下夫妻のアニメーション制作を長く見続けてきた長尾真紀子が、次のように説明している。「まず、一九七八年八月二日から数回にわたり、計一ヶ月程、広島に滞在して現地調査を行ない、『8月6日』の真夏の広島の実際の暑さ、湿度、蝉の声、空の青さ、空気、光、川面

の美しさ、木々や花などを体感し、15名ほどの被爆者の方たちから当時の話を取材している」。こうしてナレーションあるいは楽曲を使わずに、視覚表現に集約した、出来事そのものの描写に努めた作品になった。「それは過去の出来事や他者の状況を我が事として想起したり想像したりして自分の内に受け止め、現在という時間において共有することを意味している」、長尾はそういうことばで『ピカドン』による原爆投下の「イラスト化」を言い表している。文字や音声情報を抑制し、図像イメージに集中して人々を引き寄せ、強い印象を与えた好例であることは私もそう思う。ただ欲を言えば、その効果は、平和記念博物館の様々な展示の効果と比べてどう違うか、説明して欲しかった。衝撃の度合いそのもので言えば展示の方が大きいだろう。さらに、二〇一五年平和記念博物館の人形が撤去されたことなども考慮しながら、アニメーションの、特にこの作品のイラスト化の効果を様々なメディアや表現形式（絵画、写真、展示人形や映画、ドキュメンタリー）による効果と比較検討して欲しかった、というのが私の勝手な注文である。いわばヨコの比較である。

映像に限っても、原爆投下時の閃光と衝撃波と爆風のシーンは、木下独特のアニメーションのタイミングやカットわりの長短により、その瞬間を擬似体験しているような感覚を観る者に与えている、というのが長尾の解釈である。ただ欲を言えば、その効果は、時代の変化とどう関わっているか、今日爆風などについて様々な実験の映像がある中で、擬似体験としての意味は今日違ってきているのではないだろうか。タテの比較が必要である。

ここで映像技術の問題、また何をリアルと捉えるかという問題について、違う考えもみておきたい。南米コロンビア生まれのアニメーション作家ニコラス・グアリン・レオンは、東京藝術大学に博士論文を提出した。かれは、従来の議論を整理して、独自の「アニメーション・ドキュメンタリー」の定義を提唱する。かれは作家でありながら理論的な考察をおこなっており、また説明が論理明快なので、簡単ながら彼の論文を紹介しておきたい。

今まで「ドキュメンタリー」という言葉は絶えず再定義されてきたが、その時々にアニメーションと出会ってきた。そしてようやく、現代のドキュメンタリー定義において、アニメーションは現実を表現する十分な方法として認められ、「アニメーション・ドキュメンタリー」というサブジャンルの誕生を引き起こした、そうグアリン・レオンは考える。実際『戦場でワルツを』（２００８）以降、ドキュメンタリー性の強い作品が増えている。

ただ、今でも、アニメーション・ドキュメンタリーという概念を知らない人がいるし、アニメーションだけではドキュメンタリーを作れないという主張もある。アニメーション・ドキュメンタリーが独自で存在することを疑う考えは、主に二つの誤解から生まれている。アニメーションとは幻想の同義語だという誤解と、ドキュメンタリーとは現実の同義語だという誤解である。前者の誤解は、アニメーションは実写で撮影できないもののみを表現するべきであるという見方に基づいている。従って、アニメーションは幻想世界の人物や出来事だけを表現するべきものとされる。一方で、後者の誤解によれば、ドキュメンタリーはドキュメント（記録）と同義語であり、現実をありのままに再生するものである。従って、ドキュメンタリーを制作するには、客観的に現実を再生できる実写映像を使わなければならないということになる。

しかしアニメーション自体は映画ジャンルなどではなく、表現の形式である。アニメーションは、幻想とともに現実も表現することができる。ここが重要である。一方のドキュメンタリーは、内容上映画の、その一ジャンルである。アニメーションとドキュメンタリーは、本来、形式と内容という違うグループの概念である。

ではなぜアニメーションは幻想という内容と結びつけられ、ドキュメンタリーは現実をありのままに再生するものとして、未だに対比されているのか。それは、まず、一つの先入観によるものかも知れない。自然主義や写実主義のイメージを他のスタイルのイメージより、現実に近いものだと感じる先入観である。例えば、ある人の肖像画は同人の写真に比べたら「現実的な」イメージではないと感じる傾向がある。両方のイメージとも、本来立体的で生きている人間を平面的な視覚表示にしているにもかかわらず、である。要するに、「現実」と「写実主義」の概念が混同されているのである。

勿論、このようなとらえ方は、いくつかの問題点がある。一つ目は、写真や実写を現実の「再生」として考えることである。二つ目の問題点は、写真や実写のイメージを客観的なものとして考えることである。だが、どのような実写のイメージも、一つの写実主義の考え方、一人の「写真家」の見方から導き出される結果である。その写真家は撮影の条件をコントロールし、物の「見方」を決めている。写真や実写は純粋な「再生」でもないし、客観的なものでもないのである。そしてドキュメンタリーである。「インデクシカリティ（実写こそがもつイメージ）」無しにドキュメンタリーが作られることはないという考えがあるが、これが問題なのである。たしかに、あるドキュメント（資料）や、インデクシカリティを持つ録音や写真などは記録であり、証拠を提供する。しかしそれだけではないのである。ドキュメンタリーは単に証拠を集めるだけではない。世界への特定のとらえ方、またそれについて提案したり、視点を示したりしているのである。ドキュメンタリーは、現実をありのままに再生するものではなく、現実をだれかが表象したものである。したがって、完全に客観的な記録ではなく、ドキュメンタリーもまた現実の、一つの解釈である。現実の創造的解釈であれ、客観的な撮影と主観的な編集の総合であれ、いずれにしろ一つの解釈に過ぎないのである。

アニメーション・ドキュメンタリーとは、アニメーション（という形式）が作品の一貫性を保つ上で重要な役割を果たすと共に、寓話的でない限りで、監督の視点を通し、現実の人、場所、出来事を誠実に表現する視聴覚作品である。そしてアニメーションは次のような場合、とくに有効な映像表現として使われる。一つ目は、記録のない出来事を表現するとき。二つ目は、撮影ができない現実の側面を表現するとき。三つ目は、存在しているアーカイブ（資料集）に新たなニュアンスを加えるとき。四つ目は、アーカイブや実写再現シーンでは十分に表わせない個人の内面の物語を表現するときである。

こうしてニコラス・グアリン・レオンは、「アニメーション・ドキュメンタリー」を映画のジャンルとして定義した。寓話的*でない形で現実を表現するドキュメンタリーに相当のアニメーションを含んでいる映画ジャンルであり、そしてアニメーション・ドキュメンタリーはドキュメンタリーのサブジャンルである。

＊人間に対する教訓を例え話として書いたもの。「アリとキリギリス」や「北風と太陽」などが有名。

次にコンテクスト化の問題である。この点に関しては、長尾真紀子の『ピカドン』解釈に疑問がある。長尾さんの論文が強調している部分を、後で触れる『スリーウインターズ』にも当てはまる問題を含んでいるため、そのまま引用する。

『ピカドン』では「……このような作品制作の姿勢の下、人物や場所を特定せず、主観を排除した表象と作品自体の視点も特定しない表象の在り方により個々人の体験を普遍化して捉えている。その結果、作品全体として、『一九四五年八月六日に、広島の人々に原爆が投下された』というひとつの社会的・歴史的事象の一点にのみ焦点が絞られることとなり、その概要が9分25秒に効果的に凝縮され、集約的に提示されていると思われる」。また『ピカドン』の特徴は、いつ、どこで、誰が、何を、なぜ、どのようにといった「基本的要素の固有性をできるだけ削ぎ落し、あるいは不明瞭化することによって、出来事に対する作者の主観や特定の視点からの意味性を回避するものである」と長尾さんはいう。

まず広島の人々について作者は特定の年齢、職業、性別に縛られたくなかった、と長尾さんは言いたいのであり、それにはもちろん同意できる。その人々が被爆の瞬間は恨みも、怒りも示していないし、その瞬間の描写に何かの思い入れもないのも自然である。そもそもルサンチマンたっぷりの描写は、今はあまり支持されないだろう。一方、「作品自体の視点も特定しない表象のあり方」という点に疑問が残る。確かに原爆投下自体については相反する言い分があるので、そのことにあまり深入りしないという考えもありうると思う。しかし『ピカドン』という作品に、地上からの目線と同時に、わずかな時間でも飛行機からの目線で観た広島の街が描かれているのは何故だろうか。一九四五年八月六日に原爆を「投下する側」と「される側」の双方がいたことを描いているのである。それは、複数の見方ができることを意味しているのではないのだろうか。

確かに作品中原爆を投下した飛行機は、実際のエノラ・ゲイとは特定できない形になっている。しかしそれがアメリカの飛行機ではないと考える人はほぼいないだろう。つまり原爆投下「された側」の目線だけでなく「した側」の目線を作品が示しているのは間違いない。そして第4部で現代の広島市街を飛ぶ黒い紙飛行機には、「原爆忘れまじ」という木下夫妻の想いが込められている。原爆の被害者だけでなく、加害者も含めてこの出来事を考えて欲しいというのがこの作品のメッセージであり、そのような視点で描かれている。これはこれで一つの視点なのである。

長尾さんの『ピカドン』解釈を、「誰が」、それ以上に「何を」、「なぜ」行ったかが、カッコ付きの客観的な視線で語られてきたことへの不信感の表れだと考えれば、それはそれで理解できる。それは、現代史特有の個人的現実と公的・社会的現実の矛盾という問題と重なるからだ。そしてそれは、多くのアーティストが感じている問題でもある。実は、前に触れた『ストヤン／境界の英雄』をクロアティアの若いアニメーション作家に見せた際、歴史にたいするそのような不信感を私も投げかけられた。

それでもコンテクスト、大まかな事実の前後関係を前提にしないで（どう説明するかは作者の判断で良い）、あるいは何らかの視点なしに、そもそもドキュメンタリーの映像を作ることは不可能だと私は考える。

ただ、何かの視点で何かの事実を組み立てることと、時にそこにわずかながら脚色を加えることについて、あるいは、そもそも事実というものをどう確定するか、歴史に関わる論客たちによって意見は様々にある。

様々な意見の中で、まずは一九九〇年代に近世史家として劇映画の制作に関わったカナダ・アメリカの歴史家デーヴィスは、映画（ドキュメンタリーとは呼んでいないし、基本的に劇映画を扱っている）と歴史的事実の問題についてかなり柔軟にかつ原則的に語っているので紹介しておく。

＊最近の映画と事実に関する議論、とりわけ事実を映画で見せることの重要性についてはDaw- Ming Lee, Re/making histories ~ On historical documentary film and Taiwan: a people's history が詳しく述べている。

そもそもデーヴィスは歴史と映画は別物ではあっても、対立するものとは思っていない。そして歴史家が映画に何を期待するかを述べる。女史もまた、歴史が退屈な昔語りになることを避けるよう、いやむしろそれ以上になるよう望んでいるように思える。

◉歴史家が映画に期待すること

映画表現には映画表現なりの豊かなニュアンス――ヴィジュアル芸術的な手腕や創意工夫、音声――がある。忍耐と想像力と実験的な試みに対する勇気があれば、映画を通じての歴史の語りは、さらに劇的になる。と同時に、過去の記録よりももっと忠実なものになりうるということである。

その期待は歴史家が歴史に抱く自負や懸念と表裏一体になっている、女史はそのことを率直に述べている。あまりの正直さに感動してしまうほどだ。

◉歴史家が歴史に抱く自負と懸念は表裏一体

歴史家は歴史をどうとらえているか。歴史家は、それぞれが個性的な歴史を構築することが求められているが、それでも冷静に、かつ広い視野で、時間をかけて事実を見極めなければならないような存在である。このように探し出す事実こそが、何が本当か分からない時代において貴重なものであり、こうして捉えられた過去こそが未来への参考になり、希望になるのである。

●歴史家が陥りやすい誤りは何か。

歴史家が史料・証拠のなかに、何か異なったもの、異様なもの、予期しなかったもの、驚かされるものを発見したときに、それらを直視できず、「過去をわかりやすく理解する」ために、慣れ親しんでいる現在の枠組みの中に置いてしまうか、あくまで「予測可能なもの」として過去を描いてしまうことである。

そう認めた上で女史は、自分が関わった映画の具体的な成功例と失敗例をいくつか挙げている。

●失敗例と成功例

映画『スパルタカス』の失敗。この映画では「本当に起きた出来事」に対する関心は、それほど強くなく、証拠が軽視された。そのことによって、歴史の観点からいってむしろ「刺激的な解釈を提示する可能性が失われて」しまった。

映画『天国の晩餐』の成功。焦点を絞り、監督と歴史家の綿密な協力のもとで作られた。証拠が示す事実に変更を加えているのは、わずか二点のみである。暴動が起きた時期を実際よりも後に設定した点と、反乱に加わった奴隷の一人が生き残ったことにした点である。それらの変更も、一八世紀のキューバで起こりえた可能性を踏まえたものだった。

映画『アミスタッド』が失敗した理由と要因。『アミスタッド』が失敗したのは、明らかに証拠史料があるのに、南北戦争前の政治状況とその危うさを、誤った形で描くような「創作」が付け加えられたこと。例えば制作者たちは、カトリックの判事コグリンなる人物を創り出し、彼は、いわば部外者として宗教的な道義心からアフリカ人たちに有利な判決を下すのである。制作者たちはまた、財産関係を専門とする無名の若い法律家ロジャー・ボールドウィンという人物を「創作」する。このボールドウィンはシンケを弁護し、シンケと対等な関係を築いていくなかで、確固とした主義をもつ人物に成長していくのだが、それが物語を容易にするより、むしろ複雑にしている。それには、映画を作る側が観客の見る眼を過小評価したことも関係があるかも知れない。今後同じ失敗をしないためには、奴隷制度に対する抵抗を描くにあたって想像力を働かせるとしても、可能な限り証拠史料に依拠し、詳細な情報が不明ならば証拠が指し示す全体的な構図に従うこと。過去に存在した不快で奇妙な部分を消し去ろうと思ったり、それらを現在に適合するよう穏当なものしたり、作りかえてしまうことは、観客が未来に向けて何か希望を見出そうという試みをかえって邪魔する可能性がある、と考えることが重要である。

少し前に触れた長尾さんの「客観性」への疑念は、ここで言う歴史家のあやまり、あるいは映画制作者の過ちに起因するのではなかろうか。

とくに歴史が近代、とりわけ現代になればなるほど、事実関係が不確実なケースは増えてくる。事実関係そのものが不確定であるときでさえ、『客観的』で『公的な』事実を突きつけられたときの個人の違和感を、とくにアーティストは感じるものである。（学校の歴史教材についてもしかり）。この違和感をドイツの現代史を描く中で問題にしたのが、もう一人の論客アライダ・アスマンである。長尾真紀子さんもこのアスマンを引き合いに出している。現代史では、語り部は、語り継ぐ過去の出来事に特定の視点からの意味を与えることなく、そのものの要素を示すことが重要である。アスマンも述べているように、個々人の生きた記憶を人工的な文化的記憶へと移し替えることは、「記憶の歪曲、縮減、道具化といった危険を必然的にもたらす」という大きな問題を孕んでおり、だからこそそのような危険は「公の批判、反省、議論によって」防がなければならない。その意味でドキュメンタリーのアニメーションは、現代史の研究にとって重要な意味合いを持ってくる、そのように私は思う。現代史やこれからの歴史叙述において、個人の現実と社会の現実がどのように折り重なり、あるいは食い違うのか。その微妙なところを、映像を使いながら体感的に見せていく、だからこそアニメーション・ドキュメンタリーが意味を持ってくるのだと私は思う。

因みにニコラス・グアリン・レオンは、優れたアニメーション・ドキュメンタリーの例としてPrayers for Peace『プレイヤーズ・フォー・ピース』（Dustin Grella - Prayers for Peace 2009）という、アメリカのアニメーション制作者ダスティン・グレラによる自伝的アニメーション・ドキュメンタリーを挙げている。いかにもアニメーション・ドキュメンタリーらしい秀作である。ダスティンの弟、デヴィンは作品が作られる三年前、移動中の車両に仕掛けられた爆弾で命を落としていた。葬儀で弟のパソコンをダスティンと両親が受け取ったとき、パソコンの中から見つかった兵士デヴィンの写真、その弟が死ぬまで記録されたイラク戦争での音声。この録音の最後の部分と共にこの映画は終わる。ダスティンはこれらの物語をチョークで描いたアニメーション、彼自身の声を使ったナレーション、そして弟が録音したオリジナル音源を使用して制作した。私にはこの音源が強烈に印象に残ったが、ニコラスはアニメーションとナレーションの全体がそれを引き立てているという。

＊映画理論家のビル・ニコルズは、ドキュメンタリー映画の表現モードを次の六つに分ける。①詩的、②解説的、③観察型、④参加／インタラクティヴ型、⑤再帰的、⑥パフォーマンス型である。①は最も数が少ない。②は従来の主流であり、一九六〇年代のカメラの軽量化とともに③と④が増えた。⑤は現代思想特有の自己探求の傾向が強く、⑥も今日的な型である。Bill Nichols, Representing Reality (Bloomington: Indiana University Press, 1991), 32–33; see also his Introduction to Documentary (Bloomington: Indiana University Press, 2001), 33–34.

さて、本書の後半では、演劇の「生（ライヴ）」の表現について見ていきたい。『スリーウインターズ』がクロアティアの歴史物語を日本の、特に女性たちに伝えることに「はじめて」成功したからである。その秘訣を探りたい。とりわけ『スリーウインターズ』では、「国家」や「政治」に振り回される男たちを、厳しいあるいは大きな目で見る女性たちの歴史認識がしたたかに描かれているのである。

こうして『スリーウインターズ』という演劇作品のすばらしさを、そして私が作品に気づかされたことをピックアップしておきたい。その上で、クロアティアの若い歴史家が、『スリーウインターズ』がフィクションであったとしても、歴史教育に役立つものであると見ていることについて紹介していく。その歴史家について、アスマンらのいう個人の「記憶」と公的な「記憶」についてどう考えるか質問してみた。その答えはどうだったのだろうか。いずれにしろデーヴィス女史の議論とはまた違った現代らしい議論になっていると思う。

第三章　演劇『スリーウインターズ』と「体感する」世界史

――要《かなめ》としての家族、事実とフィクションの間

まずは『スリーウインターズ』が描く物語世界について、その基本的な特徴を捉えておきたい。歴史との関係で言えば、この脚本は歴史教育にも役立つ歴史物語である。

それは世界史の教科書のような「上からの」「一方的な」見方ではない。教科書の目線は基本、文部科学省や国家の目線で描かれている。もちろん教科書の中には、とくに歴史を描いたことのある人が読めば、様々な資料や激しい論争の形跡が読み取れるものもある。しかし多くの人には複数資料の存在や論争の痕跡が分からないこともあって、「一方的に」見えることが多い。

一方、日本で言えばＮＨＫの大河ドラマのように個人や集団の生き様をある社会に位置づけながら、かれらのイメージを膨らませる歴史物語がある。権力に近い人物が主人公であっても、そこに家族や庶民の目線を交えることが多く「双方向的に」見える。その関係性のどこかに視聴者は自分をあてはめたりするのである。

『スリーウインターズ』は教科書ではなく後者のタイプであり、ある家族の、家族四代による歴史物語である。そしてユーゴの第二次大戦からクロアティアのＥＵ加入まで、国家や政治の動きが透けて見えるように構成されている。家族の会話の中から、時代時代で世の中が抱える問題が多面的に見えてくるのである。

演出家の松本祐子さんは、『スリーウインターズ』を文学座で上演するまで、何回か座内のコンペに受からな

かったそうである。それには色々な理由があったようだが、クロアティアを含めたバルカンの政治にだれも馴染みがなかったことも要因の一つである。ただそれは文学座だけの問題ではなく、多くの日本人の問題でもある。それには、とくにユーゴ紛争の時点で日本のバルカン史研究が政治（とくに国際政治）のうわべの動きばかりで、それが人々のいのちや暮らしにどう関わっていたか説明できていなかったからだと私は思っている。

民族問題だけに絞って専門的にもう少し説明してみる。日本のバルカン史研究の先駆け『バルカン現代史』（木戸蓊、一九七七年）が、民族問題を横の問題とすれば、それは縦の社会経済の問題と合わせてみる必要があると言っていた。ところがユーゴ民族紛争の際は、民族間の政治的対立を民族間の差し迫った経済的対立と関連づけて分析できていなかったと思う。また各民族内部の政治的対立も各民族内部の経済的対立と照らし合わせるべきだった。都市と農村の違いなども勘案するべきだった。その辺を調べて、表面的な政治的動向を社会経済の内実によって裏付け、裏付けられた事実関係に優先順位をつけて、何かの解釈を組み立てる必要があった。だが九〇年代の日本では、旧ユーゴの民族紛争について表面的な説明しかされなかった。それが日本中のこうした「馴染みのなさ」に関係した、そう私は考えている。具体的な命と暮らしの問題ではなく、何か神秘的な問題にされてしまったのではないだろうか。

民族紛争については、その後二〇〇〇年代になって、月村太郎氏のように予め政治と社会・経済問題を絡めて研究したことがある政治史家が旧ユーゴの民族紛争をまとめた（『ユーゴ内戦——政治リーダーと民族主義』、二〇〇六年）。各民族のくらしといのちを守る（はずの！）代表者たちの発言が丁寧に、時間を追って説明されている。一方その後佐原徹哉氏がボスニアの紛争の内実はグローバル化をめぐる社会経済的な対立であることを当時の制約の中で丁寧に説明した（『ボスニア内戦——グローバリゼーションとカオスの民族化』、二〇〇八年）。この本は、市民同士が突然「殺し合う」ようになった真の原因が、グローバリゼーションの圧力であったことを、ボスニア社会の構造と歴史から明らかにしている。またボスニアで起こったことは、国境を越えて結ばれる現代社会の、どこでも起こりうると述べている。その通りである。クロアティアもそう。文学座の松本祐子さんも佐原氏の「グローバル化こそが民族紛争の要因である」との説明が分かりやすかったと言っている。

私の研究はといえば、一九九〇年にクロアティアの社会史や農民運動について博士論文を書いたのち、ユーゴ内戦の中でクロアティアの、それもセルビア人が多い地域の研究の重要さに気づいた。「はじめに」で触れたとおりである。そしてこの地域の出身である歴史家の社会史研究の成果をできる限り丁寧に和訳して出版した。この仕事については何より本人から褒めてもらった。以後二〇〇〇年代はザグレブ大学との共同研究をおこなってきた。その研究の中に前述の歴史アニメーションのプロデュースも含まれるが、最終的に前述の *Uskok and Wako* を出版することになった。

民族紛争について、すこし噛み砕いて私のことばで説明してみる。ユーゴスラヴィアの場合、自分たちが自分らしい生活ができなくなるのではないかという不安から、自分たちが民族という単位で生存することが難しいと思える状況にまでなったときに民族紛争の機が熟し、誰かが不安にかられ、他の民族に先制攻撃を仕掛けるといった事件が起きて、紛争が実際に始まるのである。そのプロセスについては日本でもドキュメンタリー番組が何本か作られ、私も授業で見せた覚えがあり、鮮明に（文章以上に）記憶に残っている。旧ユーゴのあるアパートで、自分の身の危険を感じた青年が拳銃を手に入れ、隣人だった他の民族を監禁したというドキュメンタリーが心に残る。そうかと思えば、コソヴォの、違う民族の子供たちが、学校から離れてこっそり会うというドキュメンタリーもあった（カメラの位置など、そこに演出を感じる人もいたかもしれないが）。

民族紛争の始まりをニュースの写真や映像の例を挙げながら考えてみよう。『スリーウインターズ』は一九九〇年にユーゴ共産党（共産主義者同盟というのが正式名称）が分裂したときのニュース映像を取り上げている。

このようにして、家庭に国政がいかに入り込んだかを表現しているのである。

ここで皆さんに一つ提案がある。「退場」つながりで言うと、日本が国際連盟を脱退した時の写真と、その後の軍国主義化や愛国心の強調を（日本列島以外でも強要された）、一九九〇年の党大会でスロヴェニア指導部が退場（して共産党が分裂）する映像と、その後各民族が互いに非難しあう姿と比べてみてほしい。まずはその辺から民族問題を疑似体験してほしいのである。民族問題は日本人の「他山の石」ではない、というか実際そうではなかった。

民族紛争は実際にはその機が熟するまでに時間がかかる。日々のニュース報道の、映像と言葉の積み重ねが必要だった。一九七〇年代から九〇年代に至る過程について、自身の体験を交えて説明してみよう。私は一九七七年、比較的自由だと言われたユーゴ社会主義の実相を知りたくて、クロアティアの首都ザグレブに留学した。そしてザグレブ郊外のある家族に、自分の息子のように受け入れてもらった。当時のクロアティア社会は明るく世界にたいしてオープンであるように見えた。だが一九八〇年、私が修士論文をザグレブ大学に提出した直後、終身大統領のティトー（チトーとも表記される）が死んだ。メーデー休暇の、さわやかな日だった。その午後、テレビのバラエティ番組の画面が急に暗転し、しばらくしてティトーの訃報が伝えられた。かれについてはまだ決定的な伝記は書かれていないが、彼の死でユーゴは連邦国家と軍、そして共産党の要を失ったとみてまず異論はないだろう（ティトーの葬儀のニュース映像は映画『アンダーグラウンド』に挿入されている）が、それだけでユーゴが崩壊した訳でもない。その後八〇年代の半ば以降、私は日本の大学にいた。ただ、ほぼ毎年、春休みはザグレブの同じ下宿に泊まった。その間下宿の人々の生活苦と体制に対する不満が確実に高まる。下宿の人たちが年金制度への不安を訴えていた。またセルビアなど他共和国の指導者への反感が強まっていくのを感じた。一九九〇年になると、下宿の人たちが、かれらのセルビア人の旧友をひどく悪く言いはじめた。この旧友はかれらの息子にとっての名付け親だった。この時点で民族を超えた社会的つながりが政治によって寸断されたことになる。このような社会的なつながりが（うわべの国政ではなく）、九〇年代から二〇〇〇年代のグローバル化ではたしてどうなったのか、それが具体的に描かれている物語が『スリーウインターズ』なのである。

1 『スリーウインターズ』の脚本の構成——グローバル化とローカルなクロアティア史

民族紛争も、クロアティアの女性たちからすればグローバル化という大枠の中の一つの問題に過ぎない。ユーゴ連邦が実質的に崩壊する一九九〇年とクロアティアがEUに加盟する二〇一一年の以前に、共産党が正式に政権を掌握する一九四五年から、またその前の、貴族階級がまだ力をもっていた時代から見直さないと今の自分たちがどういう状態なのか実感できない。そうするために彼女ら（主人公たち）は、三つの時代を行ったり来たりする必要があったのかもしれない。

『スリーウインターズ』の脚本の、とくに構成について見てみよう。この劇が第七回ハヤカワ「悲劇喜劇」賞を受賞したときの同名誌の特集号*からすると、脚本とりわけ構成が今日のグローバル化の問題を評者や観客たちに浮かび上がらせてくれたようである。

＊『悲劇喜劇』二〇二〇年五月号

毎日新聞論説委員の濱田元子さんは、この劇の素晴らしさは、「次々と体制や属性が目まぐるしく変わるクロアチアの複雑な歴史と、ザグレブのコス家の四世代にわたる女性たちの家族の節目をより合わせて、壮大な叙事詩に仕立てた構成の巧みさ」にあるとする。そしてこの脚本を、何よりもグローバル化に直面する女性たちの物語、またそれ以前からの戦いが実を結びつつある物語としてとらえる。「『スリーウインターズ』では、家族の会話の中から、今の世の中が抱える問題が多面的に見えてくる。経済至上主義を生んでいる資本主義の歪みや、アメリカに代表される自国第一主義が、家を核にして巧みに描かれていました。……。女性四代を貫く話でもあります。時代が下るにつれて、どんどん女性が自我に目覚めて自立していく。はじめお母さんは教育的な素養もなかったけれど、どんどん自分の意見を言う女性になっていく。女性作者ならではの目が注がれていて、この作品を多層的に面白くしていました」。濱田さんはこの物語は、時間は現在に向かって、一方向的に流れているかのように理解している。

一方、演出家松本祐子さんの見方は、濱田さんと重なるところもあるが、少しクロアティア史の研究者を喜ばせてくれるところもある。まずは濱田さんと重なるところを見ていこう。私が原作者テーナの一番すごいところはどこかという質問をしたときに、松本さんはこう答えている。

「そもそも、私がこの作品をやりたいと思ったのは、この作品がユーゴスラビアの問題を扱っているからではもちろんありませんでした。国家の体制、政治の問題が如何に普通の人々の生活に、人生に影響を与えるかということが、女性の視点で、イデオロギーではなく、生活者の目線で描かれていることに、強い興味を持ちました。日本で社会派と分類される作品の多くは、作者の社会に対する問題意識が前面に出過ぎていて、そこで日々を営んでいる人間の物語、個々の登場人物の愛憎が、描き切れていないのに対して、『スリーウインターズ』は、個々人の物語、コス家の家の物語を語ることで、クロアチアの、ユーゴスラビアのヨーロッパの歴史と社会的な問題を描き、そしてそれがヨーロッパに留まらず、現代を生きる私たちの抱える問題をも照射していたところが素晴らしいと思ったのです。ですから、最初はクロアチアと言う日本人にはあまり馴染みのない国の話だと考えられていたこの作品が、多くの観客に共感を呼びえたのだと思います。

誰しも自分の愛する人を守りたいという欲望があります。愛する人を守るためには、しっかりとした家が欲しいと考えます。そういう称賛されるべき愛情、欲望が、時として他者を押しのけ、傷つけ、自分だけが良ければ良いのだという利己主義を引き起こすことは、今の世の中、どこの国でも散見されますし、自分の愛する人たちの人

『スリーウインターズ』の家族・人間関係

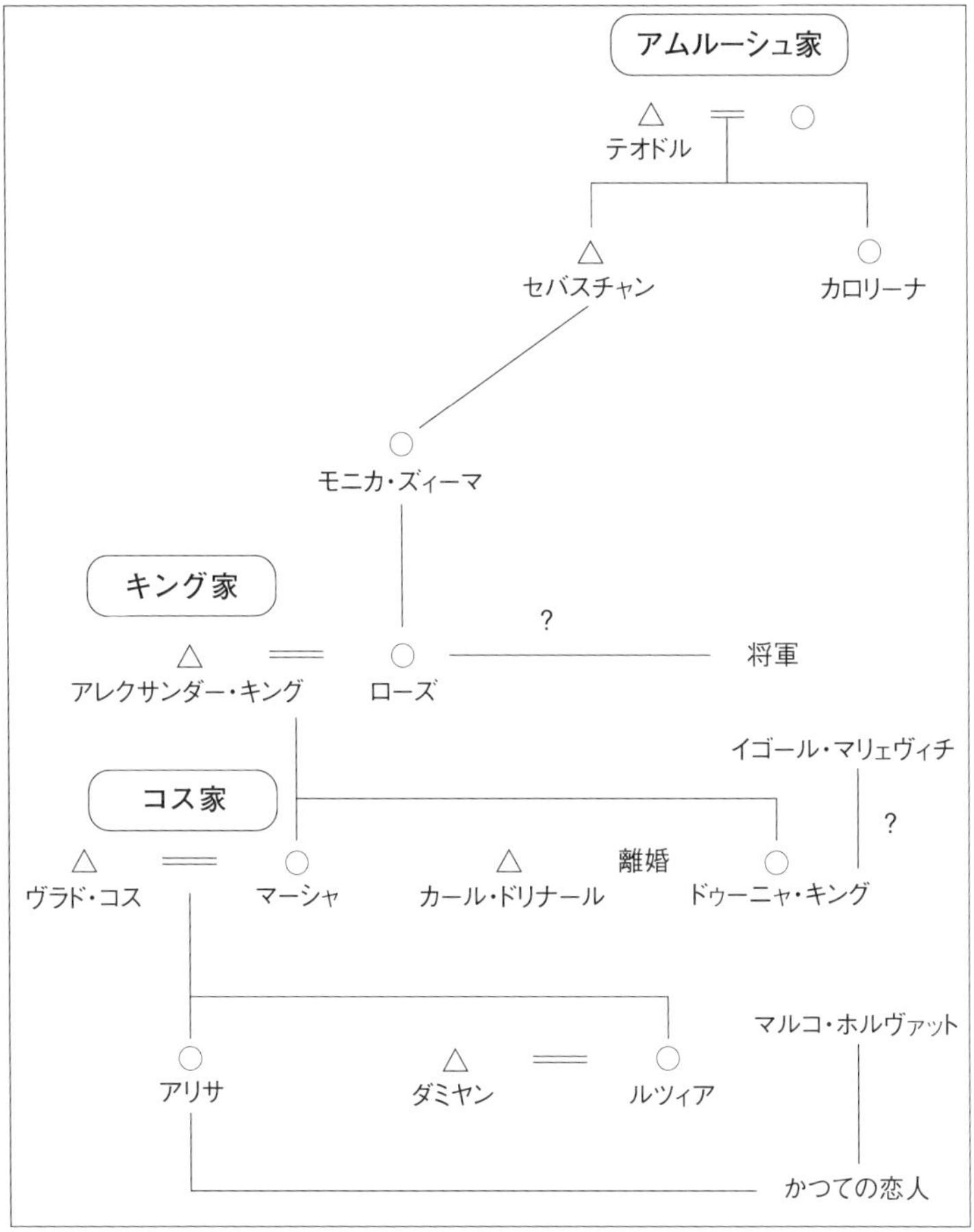

生にプライドを持ちたいという欲望は、時として自分より劣った人を見つけて優越感を感じたいという、歪んだ欲望に変化してしまう危険性をいつも持っていますよね。そういう人間が誰しも持ちうる、肯定的にも否定的にも傾き得る欲望を描くことで、この作品には普遍性が生まれたと思います。特に、現代のグローバリズムが引き起こした弊害に対するテーナの批判は明快です」。

クロアティアの家族の物語から今日のグローバル化の問題が見えてくるというのがこの脚本

表２　脚本の構成と内容の概略

場	年	台本の長さ＊	要旨
1	1945	4段でごく短い	ローズが家のカギを受け取る（第一場だけ戸外の、公共の場）。
2	2011	30段でごく長い	次女の結婚式前に主人公親子の考え方がぶつかる。とくに父親と長女の違いが明らかに。父親ヴラドは連邦主義者でかつての社会主義者の考え方を引きずる。
3	1945	20・5段で長い	ローズ一家が現在の部屋に移り住んだところ。ローズ夫婦の関係に政治の影が。そのローズには出生の秘密が……。
4	1990	14段で、中尺	ローズの葬儀。長女マーシャ母の愛を回想。カロリーナがローズの生い立ちを明らかに。カロリーナ自らのこれまでの行動を謝り、その上でルツィアに教訓を与える。
5	1945	2段で、ごく短い	家に隠れていたカロリーナが発見される。
6	1945	16段で、中尺	ローズ、カロリーナを家族として受け入れる。モニカ、カロリーナが自分とローズを追い出したことを赦す。
7	1990	24段で長い	カールの反ユーゴ連邦と反社会主義の主張。そして歴史の見直し。一方、非パルティザンだったアレクサンダーが従軍の記憶を延々と回顧する。
8	2011	12段の中尺	アリサとルツィアの会話、ルツィアがカロリーナから教わったこととは……。
9	1990	2段で、ごく短い	階下に住むマルコが入隊する。
10	1990	8段で、短い	ドゥーニャとカールの確執表面化、カールがドゥーニャに暴力を振るう。
11	2011	8段で、短い	マルコがダミヤンによって部屋を追い出されたことをアリサに打ち明ける。
12	2011	9・5段で、短い	マーシャとヴラドの夫婦の会話。互いの気持ちが分かる一方、娘たちとは距離感を感じる。
13	2011	16・5段で中尺	アリサとルツィア、家をコス家だけのものにする件で言い争う。まるで社会主義的な考え方と資本主義的な考え方の対立の様である。
14	1945	4段で、ごく短い	モニカが貴族の息子セバスチャンとの触れ合いを回想する。

＊『悲劇喜劇』に掲載された脚本の長さ、１ページに３段。

の最大の特徴のようだ。私も脚本の構成と内容を、また分量的な部分を分析してみた。

セリフの分量について見ると、台本を見ても、二〇一一年だけで全体の四割強をしめる、続いて一九九〇年で、一九四五年は最も短かった。順番としては全十二場の内第二場の親子の対立や第十三場の姉妹の諍いから、日本の観客はクロアティアの人々も、同じグローバル化の時代を生きているのだと感じたはずである。

しかし最後の第十四場のモニカひいおばあさんの回想は特別印象に残る。第二次世界大戦以前の、貴族がまだ力を持っていた時代のことが語られる。この時点での世界的な動きとともにローカルなクロアティア史の縦軸が見えてくる。前者がこの劇の主旋律であり、後者は副旋律なのである。

この劇のエンディングで見られる対比で言えば、アリサであれルツィアであれ今の女性たちの方が選択や行動の幅は広がったが、モニカだって貴族の息子セバスチャンと心が通じたのちにある関係を持ったのである。たしかに今日のように可能性が広がることは進歩である。だが過去の女性の内面を、今の物差しだけで測れるものだろうか？

松本さんも、この脚本から単純な進歩史観や善悪二元論とは違う要素も感じ取っている。ここからが、私のような歴史家がよろこぶ箇所である。

「とは言え、原作者は誰が正しくて誰が間違っていると言うような二元論的な書き方はしていません。どの人間も、カールのような民族主義者でさえも愛情を求め、人生の荒波の中で必死に戦っているし、その戦いの延線上には戦争も起こり得るという、私たちが持ってしまっている性《さが》も書いているように思います」。

因みに『スリーウインターズ』公演期間中に来日し、松本さんとのトークも行った原作者シュティヴィチッチが「クロアチアは今ナショナリスティックな風潮がある。歴史の進化は前に進むばかりでなく時として溝みたいなところに落ちる瞬間があって、今まさに私たちはその溝の中にいるような気がしている」（「文学座通信」より）と語ったそうだが、原作者の彼女にとっても歴史の時間は単線的に流れているばかりではなく、スパイラルのように、あるいはギクシャクしながら流れているのである。

実際『スリーウインターズ』では、人物設定でいうとカールは民族主義者で、妻に暴力をふるうという否定的な人間として描かれている。ただし、もともと学生の時までクロアティアにいたシュティヴィチッチが、現在イギリスにいてクロアティアのナショナリズムに言及したとしても、クロアティアのことを外からしか見ていないものの言うナショナリズムとは意味内容が違うはずである。一方私は、クロアティアのセルビア人の多い地域で第二次大戦中ファシスト政権がセルビア人を多数虐殺した、そのことを重く受け止めている。またその記憶が一九九〇年代のクロアティアのセルビア人の間に呼び起されたこともさらに重く受け止めている。政治の問題とともに歴史教育の問題として。一方、この章の最後で、首都ザグレブ大学の若い歴史学教員がクロアティアの今の風潮をどう見ているか触れているので、注目してほしい。いずれにせよ、人間の性《さが》のいろんな面を洗い出して(政治面だけではなく)初めてクロアティアやバルカンが分かるはずである。

＊私の友人で、クロアティアの有名なセルビア人歴史家がある研究をまとめた。第二次大戦中のクロアティアのファシスト政権が、あるセルビア人地域で大量虐殺を行った事件を学術的に調べ上げたのである。昨秋それが出版され(Drago Roksandic ur., Glina 1941., Naklada: Filozofski fakultet, FF press, Zagreb 2022.)、ZOOMの報告会が開かれたようだ。このような事案では正確なデータと事実関係を刻むことが何より重要である。そしてこのような研究を踏まえた上で、現代の民族問題をクロアティアの歴史の中でしっかりと議論してほしいと私は思う。近世ではこのような虐殺を抑えるようなメカニズムが働いたはずなのに、なぜ現代では働かないかといった問題を立てて、議論することも必要だろう。

ともかく原作者シュティヴィチッチの中では、時間はもっと複雑に流れているように感じられる。かつてノーベル文学賞を勝ち取ったイヴォ・アンドリッチ(ボスニア)にもない「女」の見方が感じられる。

これは私の解釈だが、ラストシーンのモニカの独白で、いかに彼女が身ごもったかが語られる。一見不幸の始まりであるような出来事が実は本人が貴族の息子と恋に落ちた末のこととして後悔が感じられない。登場人物の女性たちはそれぞれに幸せを求めて生きたのであり、この脚本は、善悪の二元論ではなく、そのような女性たちの「生」や「命」を大きな目で見ている。私はこれをバルカンの「バルカン的寛容の一つとみたい。このバルカンの複雑さについては、あとで、クロアティアのある女性歴史家のいう「バルカン」について見るときにまた触れる。

複雑さの問題が出て来たのでついでに言うと、私がプロデュースした映像作品『ストヤン／境界の英雄』も単純ではない。近世十七世紀のキリスト教圏とイスラム教圏の戦いでは、厳しい命のやり取りと同時に、勇者の命は奪わない、無駄に血を流さない掟もあった。それに比べて二十世紀の末、サライェヴォ市街戦では子供のぬいぐるみに爆弾を仕掛けて、紛争の相手の未来を奪おうとしていた。この命の重さの逆転はどこから来たのだろうか。

さて、松本さんは最後に二〇一一年だけでなく三つの冬全体で一つの物語であると理解している。つまり彼女もまた時間の複雑な流れを感じ取っている。

「作劇としてはやはり、三つの冬のある二十四時間内の出来事を、時間軸を行ったり来たりさせながら描いたことに特徴と素晴らしさがあると思います。単に順番に過去から現在へという一方通行の時間軸で描くのではなく、時が行ったり来たりすることで、過去の事象が現在に大きな影を落としていること、まさに家族の歴史は繋がっていることを強く感じることが出来ます。一幕一場が１９４５年にこの家を所有することになったきっかけから始まり、すぐ次に２０１１年のこの家をリノベーションしたいというシーンが始まります。ルツィアの結婚のことが語られ、家と家族の未来を観客に考えさせますが、それが望んでいた未来とは違うことを提示しています。そして再び、１９４５年に戻り、ローズが隷属させられていた過去に別れを告げ、新しく未来を思い描きます。未来を託されたマーシャが次のシーンではローズの葬式をあげている。全てのシーンの繋がりが、それぞれの時代の女たちの愛の物語を紡ぎ、ＤＮＡを紡いでいく様が感じられます。この時間の行ったり来たりが、この作品に大きな効果を生んでいると思います」

そもそも、始めにモニカはセバスチャンに惹かれた。ポイントは三つある。一つはイギリスではなくクロアティアで飲む牛乳の味にほっとしたと打ち明けたこと、二つ目は「モニカは心がきれいだ」とほめたこと、そして三つ目はセバスチャンが女こそ最高の生き物だと言ってモニカを見つめたことである。私のようにクロアティアの研究者がバルカンに嵌《はま》ると抜けられないのは、このセバスチャンと同じように、西欧と比べながら、バルカンの風土や人の魅力を感じたからかもしれない。このような魅力は当然のことながら世界史の教科書には出てこない。出てくるのは「ヨーロッパの火薬庫」というネガティヴな姿ばかりである。

実は、この『スリーウインターズ』のクロアティア語版には第四の冬という追加部分がある。（この「第十五場」ではモニカは終始ザグレブ以北の方言をしゃべる。本書の第二章に出てくるアニメーション作品『はるかな霧と土煙の中に』の狂言回しと同じことばである）。この第四の冬では、セバスチャンが一時帰国してみるとモニカが子供を産んだことを知る。それが自分の子であることを察して、かれは金を渡しモニカを追い出すよう妹に命じ、ハンガリーに旅立ってしまう。実は妹カロリーナは一旦アムルーシュ家から暇を出されたモニカを、その乳飲み子のためにひきとったのだが、兄の命令によってモニカを再び追い出す羽目になったのである。モニカはそのことを知らないようで、その後のカロリーナとの関係を見ても、この兄妹を責めてはいない。このように「第四の冬」ではセバスチャンのダメ人間ぶりが際立ってくる。だが、同時にモニカの純真さがより一層ひきたっている。

バルカンの人の魅力といえば、ボスニアを旅したときに私が出会った、ある町医者の、文化・文明観の懐の深さに感心させられたことを思い出す。またクロアティアの世界的に有名な彫刻家の愛弟子で、西欧にとどまることもできたのにサライェヴォで作品を作り続けた女性彫刻家と、その作品が宿すバルカン的陰影は今でも忘れることはない。皆さん、良かったら Anica (Ane) Kovač - Izložba skulptura i crteža で彼女の作品を見てもらいたい。

2　家族から世界や国家が見えた――小さな国の、女性の視点で

『スリーウインターズ』は全十四場の内、最初の第一場が共産党系レジスタンスの事務所である以外はすべてコス家の家屋の中である。そして基本政治的ではないこと、女性の目線で語られていること、どの時代も女性たちは幸せを願って生きたというのが全体の基調になっている。

浜田元子さんは「『家・家族と個人』のアナロジーとして『国家と民族』を描くのが作家のたくらみ」であることを読み取っている。「すなわち結婚や離婚、死別といった非常に個人的な出来事が、いちいちクロアチアの体制変化の歴史と重なり合い、多義をはらむ。たとえばヴラドが娘の結婚を前に語る、〈結婚とは何か？〉で始まる台詞もそうだ。〈他人と絆を結んで、人生の重荷を、そしてまた喜びや幸せを分かち合うということだ〉という言葉は、ユーゴスラビアの理想と民族紛争へと至った悲惨な末路、これから『結婚』する国家統合体であるEU（欧州連合）の理想と現実を考え合わせると、これほど辛辣な皮肉もないだろう」。ヴラドは歴史の教師であり、連邦主義者である。一方その義弟であるカールはドイツで会社を興しながら、対照的にクロアティア民族主義者になる。これと同様に大きな対比は、知識人の自由主義者アリサと妹ルツィアの実利主義・拝金主義の間にもある。

さて、一つの家族の問題が普遍的な問題につながるという点については、フランス文学者で「悲劇喜劇」賞の選考に当たった鹿島茂氏がある指摘をしている。

「ところで、劇作家が特殊性において普遍性を志向すると決意した場合、容易に意識に浮上してくる普遍性のテーマとして家族の問題であるはずです。家族を持たない人はかなり例外的だからです。そこで、劇作家は自分

の家族をテーマにした作品を書こうと決意するのですが、しかし、ここで、ふたたび普遍性と特殊性の逆転が起こります。家族は普遍的ですが、普遍性からは作品は作れないという公理があるからです。そこで、劇作家は次に自分の家族の特殊性を掘り下げていく作業に入ることになります。テーナ・シュティヴィチッチもこの選択肢を選んだにちがいありません。おそらく、彼女は自分の家族の歩んだ歴史がかなり特殊だという思い込みがあったのでしょう」

なるほど興味深い指摘である。実際、人類学的な家族の類型論をみると世界のかなり広い部分が同じ類型に入っていたりする。拙著の *Uskok and Wako* にはバルカンの大家族制が日本の合掌造りの大家族制と類似していることを指摘しながら、後者がどのように形成され、崩壊するか、そして崩壊後も日本の古き良き家族のイメージとして残っていることが書いてある。*

* The Second part Chapter One: Life in Johana, House Community of Gokayama and Shiwrakawa' Sericulture and Silk production in Ryohakusanchi since the Early Globalization

しかし鹿嶋氏の、民族の潜在意識と家族類型を結びつける所説には正直言って戸惑った。かれがその諸説で参考にしているE・トッド自身クロアティアについて触れていないからである。そもそもトッドの学説の根拠になっている綿密な統計は東欧にはない。かれの具体的な分析に東欧は入っていないのである。*

*例えば『新ヨーロッパ大全』（藤原書店、石崎晴己・東松秀雄訳、1992年）を参照されたい。

私はクロアティアやバルカンの大家族制ザドルガの専門家なのだが、コス家にザドルガの要素はまずない。クロアティアの各地方で古典的な大家族ザドルガは一九三〇年代にほぼ姿を消した。この頃までに貨幣経済は大家族の自給自足を壊していたし、土地不足による離農などをきっかけに大家族が離散する様子は最早過去の景色になっていた。社会主義時代になると、大家族に代わって、公的な勤労者の連帯システムが作り出された。「はじめに」で触れた名付け親のネットワークは、マフィアのつながりほどではなくても、就職の際や住宅の取得などで有用な「コネ」の役割を果たす、準公式的な共同体である。一方、劇中で古い家族共同体の名残として、「にせの花嫁」という風習がでてくるが、この風習は女性をめぐる持参金のかけひきというのが実態であり、とくにこの女性劇では皮肉の的になっている。

＊そもそもトッドの研究の家族類型のロシア型とバルカン型の拡大家族は厳密には違う。バルカンの家族類型ザドルガについては越村も博士論文で論じたが、アメリカやオーストリアの専門家が具体的な統計などに基づいて論じている。こうした研究を私が日本語に訳しているので参考にしてほしい。越村勲編訳、『バルカンの大家族ザドルガ』（彩流社、１９９４年）とカール・カーザー（原著）、越村勲・戸谷浩（編集・翻訳）ハプスブルク軍政国境の社会史：自由農民にして兵士』（学術出版会、２０１３年）。

ともかく鹿島氏が使っているトッドの家族類型論はこの芝居の家族とは関係ない。

この脚本では、首都の複数世代（ただし女系の）が同居し、これにマーシャの妹であるドゥーニャがドイツから金銭的にたすけたのち、帰国して同居し始めた。ドゥーニャが同居するかたちは一見すると共同体的家族のようだが、共同体的家族とは本来男系の同居であるので矛盾してしまう。

コス家の家族構成を、家族類型論を離れた言い方で言えばこうなる。曾祖母のモニカは貴族の家に住み込んでいた。それが、祖母ローズが共産党系の抵抗運動であるパルティザン兵士だったことで一変する。社会主義の時代になると、旧貴族の館に地縁や血縁のないものが共住し始める（三階建ての中のコス家は真ん中の階。はじめはトイレや台所が共同だった）。そのアパートで、祖国防衛隊の兵士だった夫アレクサンダーが合流し、また貴族の娘も部屋に隠れていたのが見つかり、ともに暮らし始めた。その後ローズの長女マーシャも、夫ヴラドと一緒に暮らし、かれらの娘アリサとルツィアが生まれた。ローズの葬儀の時点では計六名が同居。だがユーゴスラヴィア分裂の最中、ローズの次女、つまりドゥーニャがドイツから帰ってきて一緒に暮らし始める。そしてルツィアの結婚式を前に、ルツィアの婿が上下の階の住人を追い出して館全体を買い占める。それを許せないアリサは今暮らしているイギリスに戻っていく……。

読み込みすぎかもしれないが、政治的な対立とまでは行かなくても、登場人物は社会とともに生きようとする人たちと個人の「欲」を優先させる人たち、その中で自分探しに迷う人たちに分かれてしまっている。勿論社会に対する考え方も利己主義も程度は個人によって様々だし、そもそも原作者は善悪二元論的には書かない。

①『スリーウインターズ』の登場人物

グループ分け
・ローズ　ヴラド　アリサ　　政治的あるいは社会的意識が強い
・カロリーナ　ルツィア　　利己的である
・マーシャ　　二つの傾向の間で家族のために生きてきた

〈家族のためにずっと食事を作ってきた〉と言うマーシャは、自分のこれまでの人生への後悔を口にし、その思いを娘に託してきたと語る。一方、第四世代のアリサになると外国のロンドンの大学院で学び、恋愛も奔放だ。

続いてその他の相互関係や人物の特徴も見ておく。

意外な関係

・カールとダミヤン（ルツィアの結婚相手）

民族主義者と新興成金は人脈でつながっている。興味深いことにクロアティアの新興成金はその規模は小さいが、ネット上にそのリストが実際に公開されている。

かくされたコントラスト

・貴族セバスチャンとアリサ

セバスチャンはイギリスから母国を見た。母国の風土や汚れのないモニカに「惹かれる⁉︎」。アリサは結婚式当日イギリスに戻る。アリサ自身、今後どう生きるかは決まっていない。いつかは祖国に戻って祖国のために働きたいとか、その場合地方で暮らしたいとも言っている。

その他

・イゴール

ボスニア出身。ザグレブで大学に通う。その貧しい学生時代にローズに助けられた。一九九〇年の時点では暮らしが安定し、「海の家」を持つほどに（ただクロアティアでは海の家という別宅を持つ人は多く、ボスニアでも特別に裕福と言うわけでもない）。しかしこの時、楽観視していたボスニアの民族間関係は深刻なものになる。本人も内戦中に死去した模様。

・マルコ

アリサ・コスと恋仲にあったが、愛国心から内戦の際に従軍。だが、精神的ショックを受けてその後遺症からアリサを傷つけることになった。

最後に映画『アンダーグラウンド』と戯曲『スリーウインターズ』の象徴的なフレーズを比べてみたい。

〈地下世界〉／『アンダーグラウンド』

劇中共産主義は地下世界だというセリフがあるけれど、それが映画の結論かと思ったら、もうひとひねりある。地球全体が地下世界だと言うセリフである。意味深長だ。気になって確かめた。映画『アンダーグラウンド』は元々原作の小説があるのだが、そこに「地球全体が……」という台詞は見当たらない。監督のクストゥリッツァが付け加えたのだろうけれど、これが観る側からいろんな解釈を引き出していて面白い。ただこのフレーズ、地下通路を戦車に乗ったロシア兵が進んでいくシーンなどを考えれば、軍事的な人脈や利害関係に地球全体が操られているという意味かもしれない。

〈男のことば〉／『スリーウインターズ』

アリサの「男の言葉？　男の言葉に意味があったことなんかある？」。毎日新聞の浜田さんの解説はきわめて辛辣である。「戦争を起こし、国を混乱に陥れる。ギリシャ劇の昔から、男の政治の犠牲になってきた女性の恨み節が、ここでも繰り返される。世界の仕組みは少しも変わっていないのだ」。これからは、女性や少数者の恨み節を受け入れる政治こそが大事なのだろうが……。

②『スリーウインターズ』のあらすじ

日本語脚本の原文は『悲劇喜劇』二〇二〇年五月号に全文が掲載されている。このあらすじは、越村が重要だと思われるシーンを中心に要約したもので、アレクサンダーの長台詞などはばっさりカットしてある。

第一場は、パルティザンの住宅事務所が舞台。残りの場面は、クロアティアの首都ザグレブでコス一家が住む家とその周囲で展開する。そもそも一家が住む家は、二十世紀になる直前、ザグレブの貴族階級であったアムルーシュ家によって建てられた。第二次世界大戦後、その家は国有化され、以来コス家以外に上下の階に一家族ずつが同居する。コス家は、家の二階の一番大きな部分で暮らしている。物語はその部屋をローズが手に入れるところから始まる。

第一場

ユーゴスラヴィアが共産党系の抵抗運動、パルティザンによって解放された一九四五年の十一月。晩秋のある朝、パルティザン当局の住宅事務所。簡素で、いかにも「共産主義的」な一室。二十七歳のローズが、デスクの前に立っている。服装、清潔だが地味。一人の役人がデスクで、ローズに尋問しながらタイプライターを打っている。「名字は？　名前は？　既婚、未婚、未亡人？」そして夫の苗字と名前が聞かれる。ローズは答える「名字がキングで、名前がアレクサンダー」、一九一八年にユーゴスラヴィア王国ができたときの皇太子の名前だった。役人は、彼女をいぶかし気に見る。旧体制の象徴的人物の名前だからだ。役人は電話を取り、その相手にこう告げた。「女性の同志が一人来ている。名字はキング、将軍に言われて来たと言っている」。この将軍とは、名前こそ出てこないが、ローズに目をかけている人物。電話で指示を受けた役人は、「将軍が、好きな家の鍵を選ばせろと言っている」と告げ、「好きな鍵を取れ」と命じた。彼女は鍵の山のほうに行く。それぞれの鍵に住所が書かれている。彼女は住所を見ながら、誰の家か、住んでいた人たちはどこに行ったのかなどと尋ねる。役人は、とにかく鍵を選んで、そこで暮らすよう命令する。ローズは、慌てて鍵を調べる。ある一つの鍵に目がいった。覚えのある住所が書いてある。住所を見た役人は「ブルジョワ趣味だ」などとからかいながら鍵を渡し、パルティザンの合言葉で別れを告げた。「ま、うまくやりなさい。ファシズムに死を」。ローズもすかさず答えた。「人民に自由を」。

第二場

二〇一一年十一月、夕方。コス家のダイニング兼リビング、いかにも中産階級の家。古びた社会主義的な品々の中に、洒落たＣＤプレイヤーが目立つ。コス家の娘アリサ（三十六歳）と叔母ドゥーニャ（六十三歳）がテーブルの前に座って、もう一人の娘ルツィアが作った改築プランを見ている。そこへ父ヴラド（六十七歳）、続いてルツィア（三十三歳）が何やら言い合いしながら部屋に入ってくる。共産主義者だったヴラドに、花嫁のルツィアが教会での式に出るよう説得している。長女のアリサが食卓につくよう父をなだめる。ヴラドは、食事が始まらないのを妻マーシャのせいにする。

マーシャ「なら、お皿並べるくらい手伝ってよ」。「ざっと見積もって一万二千回の夕ごはん。子育てもして、外で仕事もしながら。なのに三十五年間、あなたは食事の前には必ずお皿を並べるもんだってことも覚えなかった」

写真1　コス家の乾杯、父ヴラドが娘ルツィアの結婚を祝う。左からドゥーニャ（山本郁子）、アリサ（前東美菜子）、ヴラド（石田圭祐）、マーシャ（倉野章子）、ルツィア（増岡裕子）〔撮影：宮川舞子〕

ヴラド「じゃあマーシャ。今の今からお前の残りの一生分、俺が皿を並べてやるよ」

二人のやり取りに花嫁のルツィアが割って入る。「母さん、お願い、私もうおなかペコペコ」

ここでヴラドがスピーチを始める〔写真1〕。

「結婚とは何か？　他人と絆を結んで、人生の重荷を、そしてまた喜びや幸せを分かち合うということだ。だが、結婚は非常に大きな犠牲を要求する……」

マーシャの独白、「この人がどんな犠牲を払ったか、是非とも聞きたいものだわ」

ヴラド「そして、ひどい時には、夫婦が敵同士になることもある」

すると離婚を経験したドゥーニャが、「それはクソ野郎と結婚したときよ」。姉のマーシャが妹の言葉遣いをたしなめる。

ヴラドはかまわず続ける。「男には、良い妻が必要なんだ。そばにいて支えてくれる伴侶がいれば、どんな試練も男は乗り越えられる」

するとアリサ、「じゃあ女には何が必要なの、お父さん？」ヴラドは言葉を濁す。
ルツィア「父さん私もう限界。早く食べさせて？」
ヴラドのスピーチの最後のことば、「つまり、お前たちの思うとおりに、幸せを見つけなさい。だが、助け合うことを忘れてはいけないよ、絶対に」。ヴラド、今度はアリサに問いかける。「なあ俺たちがEUに加盟することを、あっちじゃなんて言ってる？」
アリサ「イギリスで？　全然気がついてもいないんじゃないかな。あの人たちは、私たちのことは、あんまり意識していないのよ」
ヴラド「そんなの不公平だ。俺たちはずっとヨーロッパの一員だった。オスマン帝国の時代から。ユーゴスラヴィアだってヨーロッパの国として尊敬されてた……」
ドゥーニャ「まあ、ある程度はね」
ヴラド「尊敬されてたさ。ユーゴは、俺たちがヨーロッパでやっていくための唯一の連合だった。だがうまく行かなかった。プライドが顔を出したからだ。『俺たちクロアティアは割を食ってる』とな。何百年も我々は大国の食い物にされてきた。だから独立を求めて戦い、結局、自分で自分の首を絞めた。そして今、正気の国なら逃げ出すようなEU連合に、恥をさらして入らなきゃならん。なんて滑稽なんだ！」
アリサがヴラドに、「父さんは昔から、連邦とか連合が、民族国家より進歩的だと思ってたでしょ」
ヴラド「そう思ってたし、今もそう思ってる、だが今回の場合、否応なしさ。……。まあ、小さな国の運命さ。いつだって誰かの腰ぎんちゃくだ」
マーシャ「この種の話には、拒否権を発動致します」
ヴラド「俺たちは呪われてるんだ、それだけのことさ」

しばらくすると、今度はアリサが結婚しないことに話がおよぶ。ヴラド、「ちょっと考えてみよう。そうだ、お前は三十過ぎて独身だ。上の階の、哀れなろくでなしと付き合っていたことは別として……」

アリサ「上のマルコは、戦争の痛手から立ち直れなかっただけ。私のせいじゃない」

ヴラド「マルコは地獄から戻ってきたんだ」

ドゥーニャ「少なくとも、マルコは生きて帰ってきた。けどイゴールは戻ってこなかった」

アリサ「マルコは私ののどにナイフを突き刺した。彼は確かに最前線で戦った。それで前線から帰るとどうにかなっていた。彼には私を傷つけるつもりなんかなかった。けど、私たち別れるしかなかったの」

ヴラド「それからお前は、女性と暮らしてた」

アリサは反発する。ルツィアが話を混ぜっ返す。結局、マーシャが場を落ち着かせる。

ヴラド「俺の望みはほんとのところ、この家にもう一人男がいてくれたらってことだけだよ」

アリサ「ま、父さんがルツィアの旦那さん、男性ホルモンたっぷりのダミヤンとうまくやることね」

マーシャ「ヴラド、スターリンのドキュメンタリーが始まるわよ」

ヴラド「俺が、お前たちのためにいろいろ録画してるのに、お前たちありがたいとも思っておらん……」

ヴラドは、これまで録画してきた出来事を数え上げる。クロアティアの独立宣言。東クロアティア、ヴコヴァルの陥落。ボスニア、スレブレニツアの虐殺。それからトゥジマンが死んだ時、NATO軍のセルビア侵攻やコソヴォ紛争も。ただ、「一九九〇年の第十四回中央委員会議会の録画はない。あんなことになると誰が思っただろう」

ドゥーニャ「誰にも分かりっこなかった」

そしてヴラド「あの丸一日……。とにかく忘れるのが一番だ」

しばらくローズと将軍の仲が話題になったあと、今度はドゥーニャの前夫カールの話になる。

アリサ「そういえば、カールおじさんが新聞に出てた。飛行機の中で見たわ」
ドゥーニャ「そうカールは外務省に入ったのよ。カールとルツィアの花婿さんはネットで仲間になったらしい。もう少しのところで明日の結婚式にも招待されるところだった。さすがにルツィアが止めたみたいだけど」
マーシャ「コーヒーいれるわ。そうそう、ベールを着けてみなさいよ、念のために」
アリサ「ベール？」
ドゥーニャ「ええ……私……偽の花嫁になるの、知ってるでしょ、あの習わし。花婿が友達や楽隊を引き連れて『花嫁を買おう』とするあれよ」
アリサ「どうしてダミヤンって、人の気をくじいてばっかりいるのかな？」
ドゥーニャ「え？」
アリサ「何でもない。ごめんなさい」。少し迷って、やはり語りだす。「この家丸ごと自分たちのものになったら、楽しいでしょうね。ダミヤンが買い取ったんだから。一緒に住んでた他の家族は皆出ていく。人数の少ないうちだけが家じゅう使って、のびのびと暮らすのね。封建時代の男爵か何かみたいに」
ドゥーニャ「近頃じゃ、皆家を買ってるわ」
上の階から引っ越しの物音。部屋に戻ってきたルツィアはいら立ちをあらわにする。その妹にアリサが、「あの人たち、引っ越すことに、よく同意したわね」
するとルツィア「あの人たち、ラッキーだったと思うべきよ。上の階は崩れかけてるのよ。直すのに相当かかるわ」
そのルツィアにメール。ルツィア、「ダミヤンからよ。電話しなきゃ」
彼女は、弾むように去る。アリサは沈黙。母親が、アリサにケーキを薦める。

第三場

一九四五年十一月、ローズが部屋のカギをもらった日の夕方。その部屋の居間。寒くて埃っぽい。ローズは、飾り気のない簡素な服を着て、部屋の中央に立っている。腕に赤ん坊を抱いている。彼女は家具から覆いを外す。かつてはしゃれた高級品だったような家具が現れる。夫のアレクサンダーが入ってくる。三十歳。この場に馴染めない様子。負傷した片足を引きずって歩く。ローズは、包みから毛布を一枚出して、それをゆりかごに敷く。そこに赤ん坊を寝かし、母はどこかとアレクサンダーに尋ねる。母モニカは外でトランクに座ったままらしい。ローズは困った顔をする。アレクサンダーは立派な部屋に圧倒され、落ち着こうとして煙草に火をつける。ローズは、戸棚にあった小鉢を取って、アレクサンダーの前に置く。アレクサンダーはこれが灰皿かといぶかしげに見ながら、その中に灰を落とす。ローズはこの屋敷の物語を語りだす。

この家は、テオドル・アムルーシュのものだった。彼は弁護士だった。最初はオーストリア・ハンガリー帝国で、それから、セルビア・クロアティア・スロヴェニア王国で。王国の国会では、クロアティア農民党の議員にもなった。そして今度の戦争ではファシストのパヴェリッチとナチスに同調したが、戦争に負けるとどこかに逃げたらしい。

アレクサンダーが家族について尋ねると、アムルーシュには娘が一人いたはず、そうローズは答えた。名前はカロリーナ。「そのお嬢様がうちの母さんを雇ったのよ」。どこか外国に留学した息子もいた。「イギリスだと思う。その二人の子がどうなったのかは知らない」。そこまで言って、ローズは母をさがして歩きだした。

アレクサンダーは自分の荷物をほどきはじめた。そこへローズと四十五歳の母モニカが現れる。モニカは部屋を歩き回り、ソファーから覆いを取り、何度も部屋を見回す。そしてアレクサンダーに、「それは灰皿じゃない

写真２　新しい「家」で本音で語り合うローズ（永宝千晶）とアレクサンダー（上川路啓志）夫婦。
〔撮影：宮川舞子〕

よ」と言うや、戸棚の引き出しを開けて、灰皿を取り出す。それをテーブルに置いたあと、ローズに尋ねる。「なぜここにやって来たの」。ローズは住むためだと答える。そして彼女は自分が生まれて二日目にこの家を追い出されたことを母に確かめた。だが母モニカは言葉をにごす。「おぼえてない。昔のことだから」。ローズは足の痛みがぶり返したようで、母はその手当てをする。薬を塗り終えた母に、ローズは赤ん坊をみるよう頼む。

アレクサンダーは、一枚の絵から覆いを外す。それは貴族の娘カロリーナの肖像画だった。モニカは、それを見て、はっと息をのむ。ローズが生まれて二日でモニカとともに追い出した、そのカロリーナの肖像画だったからだ。

アレクサンダーとローズは、子供の名前について話をしだした。アレクサンダーという旧体制の皇太子の名前で迷惑していること、そして二人の結婚式の写真にパルティザンが嫌う制服が映っていたことにローズが触れる。〔写真2〕

アレクサンダーは自分がパルティザンではなく祖国防衛隊にいたことを悔やむ。また戦闘で銃弾を浴びて、上手く歩けないことを負い目に感じていた。酒に酔ったアレクサンダーは妻に詰問する。「この子は俺の子か」。将軍の子ではないかと疑っていたのだ。ローズは、パルティザンに加わった時にはもう妊娠していたときっぱり。そしてこう言い切った。「この醜い足、私は六つの時からこうだった……あの時は何も言えなかったけど、今なら言える。もう一人で子供を育てなくていい。私の母はもう誰の奴隷にもならない。私の子供たちも自由な国で育つ。ちゃんと学校に通い、幸せな子供時代を過ごし、良い生活を送る。私たちは戦争を生き延びた。これからだって、この子のために私、精魂込めて働くつもりよ」

第四場

一九九〇年一月、夜の九時。ローズの葬儀の後。四十代半ばの長女マーシャ、母の衣類を整理している。そこへ妹ドゥーニャがケーキを持ってやってくる。ドゥーニャは四十代初め、ドイツに住んで服装もあか抜けている。一方姉のマーシャは、あまりパッとしない服装。

妹は姉に、片づけをやめてシュトルーデルを食べるよう誘う。姉は母を想い出している。「死んだお母さんは私たちに好きなだけ食べさせてくれたことは一度もなかった」。食べ物がなかったとはいえ、「もう少し優しくしてくれても良かった」、そうつぶやく。マーシャが続けて打ち明ける。自分が仕事をしている間、母は家事と娘の面倒を見てくれた。自分は、母なしではやっていけなかった。その思いを、母が亡くなる前に言っておけばよかった。「だけど私、母にも父にも腹を立てていたの。あんたが生まれたその日から、私はあんたの面倒を見るように言われたし。ところがあんたは、大人になるとドイツに行っちゃって」

妹のドゥーニャ、「マーシャ、母さんたちが、姉さんより私を愛したなんてことないよ」。「私たちの違いは、私は人の言いなりにならなかったけど、姉さんはいつも、皆を幸せにしようとしたってこと」

マーシャ「それって欠点?」

ドゥーニャ「自分が結局傷つくならね」

マーシャ「それって、ドイツ的なものの見方じゃない?」

ドゥーニャは答えず、この場を去りかける。そのときマーシャがしみじみと嘆く、私、どこが悪いんだろう。こんなに寂しいのは、私だけだと思うの。周りにいる物がみんな……水の底にあるみたいな気がする。

そこへ次女のルツィアが、何も知らずに入ってくる。ふっくらした少女、十二歳。少しめそめそしている。「ママ! ローズおばあちゃんが、五つの時、奴隷として働かされたって本当?」

カロリーナも車椅子で部屋に入ってくる。アクセサリーをつけすぎ。小さな黒い帽子をかぶっている。

ルツィア「足を切られるところだったの?」。カロリーナ、ルツィアの質問を引き受ける。「それは足の指。ひどい凍傷にかかって、もう少しで足の指を切断しなきゃならなかったの」

マーシャは旧い時代の話を遮ろうとするが、カロリーナは止めない。女の子が昔どういう目に遭ったか、知っておくべきよ。自分たちの歴史なんだから、と言いながら。

すると今度はドゥーニャが話に加わる。あなたのひいおばあちゃんのモニカは、とても貧しかったの。あなたが住んでるこの家で、ひいおばあちゃんはメイドとして働いてたの。子供と一緒にはいられなかったのよ。

ルツィアがローズの、別の話をする。「ママ、ローズおばあちゃんがパルティザンだったのは知ってるでしょ?」、マーシャは、「ええ、そうだけど」、と答える。ルツィアは話し続ける。「学校で、同級生のボリスが、パルティザンは犯罪者だって言った」。マーシャも興奮してくる、「ボリス・マリッチは馬鹿よ。親も大馬鹿。学校で言っちゃ駄目よ」。

ルツィア「ボリスには、もう大馬鹿って言ってやった。そしたら、あいつ、私はろくでなしの共産主義者で、

写真３　ルツィア（増岡裕子）に「家はコス家のもの」と吹き込むカロリーナ（寺田路恵）〔撮影：宮川舞子〕

うちのパパもろくでなしの共産主義者、お前らの時代は終わったって、そう言うんだよ」

マーシャもドゥーニャも、同級生と同じレベルの人間にならないようルツィアを諭す。

二人だけになったところで、カロリーナはルツィアに今が楽しいかと尋ねる。ルツィアは答える。「学校以外はね」。カロリーナが語りだす。私が若い頃、学校には男の子だけが通っていた。女の子は家にいて、裁縫と刺繍を習った。私は、歴史と政治を勉強したかった。もう少し自立できるように。「ルツィア聞いて。この世界は予測不能よ。でも、ここは全部、あなたの家族のものであるべきなのよ。それだけは覚えておいて」

念を押すカロリーナにルツィアは答えた。「分かった、しっかり覚えておく」〔写真3〕

第五場

三度目の一九四五年。新居に越してきた日の夜、寝床についたキング家。だがモニカは、真夜中に人影が横切るのを見た気がした。アレクサンダーも、何かの物音を聞

写真４　隠れていたカロリーナを見つけたローズたち。左からローズ（永宝千晶）、アレクサンダー（上川路啓志）、モニカ（南 一恵）〔撮影：宮川舞子〕

いた。すると人影が実際に彼の横をすり抜ける。もみあいになる。アレクサンダーはその影を捕まえようとする。相手はカロリーナ（四十七歳）だった。ローズが明かりをつけると、カロリーナは一瞬アレクサンダーを見つめ、それから逃げ去った。三人とも、カロリーナの後を追う。

第六場

同じ夜、少し経ってからの寝室。〔写真４〕

カロリーナを囲んで全員が揃っている。ローズが沈黙を破り、いつからこの家にいるのかと尋ねる。カロリーナはずっといたと答える。ローズは、他の家族はどうした、いつから隠れていたのかと問いただす。カロリーナは何か月も前からと答える。その前は精神病院に入れられたが、父が国外逃亡するときに、同行するのを断ったのだと語る。モニカは、カロリーナにはこの家にいる権利があるとかばう。だがローズは、母と一緒に追い出されたことを蒸し返す。カロリーナは、病院から家に戻って一人で死のうとしたと打ち明ける。ローズはカロリーナを説得する。退院許可証を取り、新しい国のために働く姿勢を役所に見せるように、と。しかしカロリーナは終戦の混乱の中で、病院をこっそり抜け出していた。許可証はない。するとアレクサンダーが、自ら、カロリーナのことを将軍に頼んでもらうよう提案する。ローズもしぶしぶそれに同意する。

二人が去ったあと。カロリーナとモニカは、モニカ母娘が屋敷を追い出された後の話をする。モニカは実家に帰ったが、近くの地主の下へローズを奉公に出したせいで、足が凍傷になったことを打ち明けた。それを機にモニカはローズを取り戻し、ローズは学校で勉強に励んで銀行の仕事に就いたのだった。

第七場

一九九〇年、一月。夜の十時半。リビング、葬儀の後の語らいも終わりに近づいたようだが、どうやらカールが議論を吹っかけている様子。カールは、一九一八年にセルビアやスロヴェニアと慌てて手を組まなければ、自分たちだけの国を築くチャンスがあったと言い張る。ヴラドとアリサは反論する。ヴラドは社会主義ユーゴで学校の歴史を教えている。アリサもそれなりに学校の優等生である。リビングには、貧乏学生だったころローズに世話になったボスニアのイゴール。帰ろうとするが引き止められる。ドゥーニャ、イゴールにドイツから持ってきたウイスキーをすすめる。カールも一緒に飲み始める。そこからカールが、この家の建物は元はアムルーシュ家のものだから、カロリーナがひとり占めすべきだと言い始める。そしてそもそもテオドル・アムルーシュはクロアティアのために戦ったのだと主張する。これにイゴールが、ナチに協力したんだろと反論。カール、「彼はこの家を一から建てたんだ。自分のものにして何が悪い」

ヴラド「それは、道徳的にも政治的にも間違っている」

カールの興奮は収まらない。「何が正しいだって？　それだって変わる。歴史の見方だって変わる」

写真５　ローズの葬儀の日、ユーゴスラヴィアの崩壊が始まった。左からカロリーナ（寺田路恵）、カール（斎藤志郎）、アレクサンダー（上川路啓志）、ルツィア（増岡裕子））、ヴラド（石田圭祐）、マーシャ（倉野章子）、イゴール（得丸伸二）、ドゥーニャ（山本郁子）〔撮影：宮川舞子〕

ヴラド「今や修正主義が起こりつつあるからな。今や、突然、殉教者扱いされる人物が登場し、くだらん政治的日和見主義者たちがみんな、突然、国民的英雄になる。だけど物事は客観的に見なければいけないよ」カール「そう、あなたは客観的だよね。でも、そうじゃない。事態は変わる。政府は瓦解する。戦争は起きるんだ」

マーシャもドゥーニャも動揺する。イゴールはドゥーニャを安心させようと、「俺たちはボスニアで、すっかり混じり合っている」、と語る。アレクサンダーは戦争当時のことを思い出す。自分は祖国防衛隊にいただけだが、当時の混乱の中では、祖国防衛隊でさえパルティザンに敵視された。アレクサンダーが第二次大戦の終わりに自ら体験した「死の行軍」について延々と語る。そしてたどり着いた収容所から救ったのが妻のローズだったことを明かした。

テレビをつけるとニュース番組、共産党の最重要会議での緊張した場面が映し出される。

アナウンサーの声、共和国の自治制を強化することを提案したスロヴェニア代表団は、提案が否決されると同時に議場から退席した、と。マーシャが叫んだ、「議場を離れるなんて駄目よ。そんなの……ダメ！」〔写真5〕

その後アナウンサーは、クロアティア代表団も議場を離れたことを告げる。イゴールが叫ぶ、「ユーゴスラヴィアは、おしまいだ」。

第八場

二〇一一年十一月、真夜中すぎのダイニングルーム。アリサ（三十六歳）は、ルツィア（三十三歳）がケーキを食べているのを見つける。ルツィアの横には古いトランク。屋根裏部屋にあったのを彼女が見つけてきたのだ。アリサがそれを開ける。カロリーナの服。ルツィアに着させてみる。ボタンがはじけ飛ぶ。二人は、くすくす笑う。だがカロリーナの思い出話から、家を独り占めする話になると、二人は諍い始める。アリサは言う、やっぱりだれか一人が、ここに住んでいる他の人たちより余計に、建物や土地に神聖な権利を持つなんて言い分理解できない。ルツィアは抵抗する。「カロリーナが私に言ったの、全部私のものになるべきだって」。それでも理解できないアリサは、「この家がまるごと私たちのものになるなんて」。ルツィアの反論が続く。姉さんは見慣れた風景に囲まれていたいだけ。アリサも応戦。何もかも、そのままなんて期待してないよ。ただ、大昔の金持ちは金持ちのままとか、女性はきれいで完璧じゃなきゃいけない時代に戻りたくないだけよ。これに妹は皮肉で答える。いつか姉さんが返ってきて、その知恵のありったけを使って、この後進国を収めてくれのが楽しみだわ、と。

アリサ「そうしようかと思ってるわよ」

ルツィア「そうなの？」

アリサ「分からない、もしかしたらね」

ルツィア「私たちと暮らすために？」
アリサ「田舎に住むかも」
ルツィア「まったくもう東、西、街、田舎。姉さんたら本当にいかれてる」
二人は笑う。時計が午前一時を打ち、二人とも寝る支度を始める。

第九場

一九九〇年一月、マルコ・ホルヴァット（十八歳）が一年の兵役に就く。アリサに尋ねる、「面会に来てくれる？」。二人は雪の中でじゃれあって、やがてキスをする。清らかな新雪が二人に降りかかる。

第十場

同じく一九九〇年一月、皆が寝に入った中で、リビングにドゥーニャとカール。カールは葬式後のやりとりが気に入らずに、一人でウイスキーをあおっている。はじめは妻とイゴールの仲を疑った。やがて、クロアティア「建国」のために立ち上がるとカールが言い出したとき、ドゥーニャが「あなたはそんなことができる人ではない」と言ったことに絡み始める。

ドゥーニャ「で、どうしようって言うの？　勇ましく戦場に行く？」とからかう。カールは体が弱く、兵役から返されたぐらいだった。会社の契約の時も、いつもびくびくしていた。「そのあなたが、国を守るために戦争に行く。それは安心なことだわね」。とうとうカールは叫んだ、「死ね。クソアマ」。沈黙ののち、ドゥーニャが別居を切り出すと、カールはドゥーニャを何度も殴りつける。騒ぎを聞きつけて家人がリビングに駆け付けて来た。

写真６　久しぶりに語り合うマルコ（神野 崇）とアリサ（前東美菜子）。〔撮影：宮川舞子〕

第十一場

二〇一一年十一月。ルツィアの結婚式前の深夜、午前二時。家の戸口でマルコが引っ越しの荷物を運んでいる。「あら、力持ちさん」とアリサ。手に持っていたマリファナを、差し出す。マルコ、「もうやってないんだ。ＰＴＳＤにマリファナはよくないし」、と答えたあとイギリスでの生活についてアリサに尋ねる。彼女はＰＴＳＤのマルコから「逃げた」ことを詫びる。マルコ「謝るのは俺のほうだ。俺はめちゃくちゃだった」。少し間があってから、マルコは高層住宅に引っ越すことを告げ、今はガールフレンドがいることも報せた。〔写真６〕

話は、マルコ親子が部屋を追い出されたことに及ぶ。我慢の限界だったとマルコ。国を守ろうとする戦いの意味を俺がどうにか理解しようとしていた頃、俺は兵役に行っただけなのに、お袋が家から追い出されるのを止めることもできなかったんだ。「君の義理の弟が何て言ったと思う？『男同士で話をつけよう』。ふん。いいとも。うちの階は、すっかり崩れかかっていて、俺には修繕する金もない。だから、どっちみち、あいつの申し出を断ったりできなかったけどね」

第十二場

二〇一一年十一月、午前三時。マーシャとヴラドの寝室。二人、次女の結婚式を明日に控え、これまでの人生を振り返る。ヴラドは、九一年の戦争期に、他の人間のように「うまく立ち回れなかった」ことに後悔はしていないと打ち明ける。マーシャはそういうヴラドを尊敬していたと告白。だがヴラドは、娘の結婚式を前に、マーシャが誰かほかの男と結婚していたらと考えたことがあるか、知っておきたいと打ち明ける。マーシャはそれらしい話を一つ語りだす。焼きもちを焼いてほしかった、もっと自分を思っていてほしかったのだ。すると、そもそも結婚とは、幸せとは何だったのか、マーシャには分からなくなってしまう。ただ、それ以上に分からないのは、娘たちに自分で自分の運命を握っているという感覚を持たせようとすることで自分と折り合いをつけた、その自分が今では娘二人ともが理解できなくなったこと。そしてそれ以上に娘婿。「実を言うとね、彼は、私をまごつかせるの。言葉がもう前と同じ意味じゃなくなったみたいな感じ。信頼するってことは、馬鹿だってこと。思いやりがあるってことは、弱いってこと。団結するっていうことは、自分で自分の面倒を見られないってことに思えてくる。私たち、時代遅れもいいとこ」。ヴラドは、あと俺たちに残された時間はそう長くはない。自分たちが下した決断をいつまでも悔やむことはない、娘たちのことは娘たちに任せて、自分たち二人だけの時間を少しでも長く過ごそう。そうなだめあって、二人は眠る支度をする。

第十三場

結婚式の当日。リビングのテレビがついたまま。すると、貫禄の付いたカールが高級そうなスーツを着て映っている。記者会見か。カール、「人々が、政治について洗練された考え方を身につけ、未来に向けて賢明な選択をしたことが明らかになりました。クロアティア人は、ヨーロッパの一員であると、ずっと感じておりました。

歴史的にも、政治的にも、地理的にも」。そのあとドゥーニャが「偽の花嫁」の格好で現れる。マーシャとヴラドにたずねる。「馬鹿みたいに見える?」。そこへ、昨夜と同じ格好のアリサ、「インターネットやってたの」。ヴラド、「今日一日、体力持つのか?」。アリサ思いつめたように、「私、一晩中確かめてたの、私の直感と、私の口出しする権利をね。夕べ遅くマルコに会ったの。それで二人で話をしたわ。(間)。ルツィアもここにいてほしい」。そこへルツィアが入ってくる。

ルツィア「一体どういうつもり?」

アリサ「本当にごめんなさい、でもこの話をしないわけにはいかないの」。「ダミヤンのビジネスには、疑惑があるっていう話」

ルツィア「この国のちゃんとやっていけてるビジネスは全部、疑問のある分野に関わってるわ。ここじゃ世間はそうやって回ってるの」

ドゥーニャ「どこでだって、実社会はそうやって回っているのよ」

マーシャも、「新聞に載っていることは、ほとんど嘘っぱちよ。ダミヤンは、ちゃんと裁判で……」。アリサは資料を見ながら、「……民有化された会社が、突然破産を宣告、すると人々は職を失う。そういう事件にダミヤンがしょっちゅう出てくるわ」

ルツィア「それで何か言いたいわけ?」

アリサ「ダミヤンは、上と下の階の人たちを無理やり出ていかせたの?」。短い間《ま》。

ルツィア「立ち退き料をたっぷり払ったわよ」

アリサ「無理やり出ていかせたのよ!」

ルツィア「私たちのものを私たちのものにするのに、どうして反対するのよ」

アリサ「この家は私たちのものじゃないわ！」
ルツィア「カロリーナは、そうだって言った」
アリサ「共産主義者が私有財産について否定的な考え方を持ってなければ、私たちのだれも、この家に足を踏み入れるチャンスさえなかったはず。それにローズおばあちゃんは、この家を買い取って、住んでる人を追い出すなんて、絶対我慢できなかったわよ！」
アリサは、さらに、全くの赤の他人が、私たちの家を買い取るなんて信じられないと言う。
ルツィア「ダミヤンは他人じゃない、私たちの一員になるの」
アリサ「彼は私たちの一員にはなれない。どこまでいっても『彼ら』よ。カロリーナの父親、カールと同じ。私たちとは違うの」
ルツィアは激怒する。それでもアリサ、「下のホラク一家は脅迫されて出ていったの。マルコもそう言ってたわ」。ヴラドが入ってくる、「成功した連中のうぬぼれには俺だって我慢ならん」
ルツィア「ダミヤンだって何もないところから始めて、ここまでやってきたのよ」。アリサはだれもダミヤンに訊いていないのかと問う。ヴラドとドゥーニャがここまでの経緯を語る、「俺だって訊いたさダミヤンに、脅迫のこと本当かって」。アリサ、「それで？」。ヴラド、「噂は本当じゃないと俺に誓ったんだ」。アリサは、誓ったら、それで終わりなのかと問い詰める。「男の言葉は何の意味もないと言うのか？」、とヴラドは言い返す。アリサ、「『男の言葉』？　父さんは歴史学者でしょ。男の言葉に意味あったことなんかあると思う？」。
そのやりとりにマーシャが泣き崩れる。深呼吸してから、マーシャ、「私たちも努力してる、ダミヤンに広い心を持とうって。でもこの年になると、それも難しいことなの」。アリサは、私たちがここで暮らした百年の重みなんて知りもしない他人の手に、自分たちの運命をゆだねることは耐えられないと言う。これに対してルツィアは、ダミヤンにここで暮らすように説得したのは自分だと言う。「この一等地の家がだれか他の人間のターゲットにならないようにね」。

アリサはホラク家やマルコたちを追い出したではないかと食い下がる。ルツィアの説教が始まる。今のクロアティアでは腫れ物を直すのさえ賄賂が要る。「母さんが退職してから、父さん母さんは毎月の公共料金さえ払えない」。ドゥーニャは離婚裁判に十年もかかって今じゃすっかり貧乏だ。それでも母さんは昔は良かったって話ばかり。「ものはなかったけど、安全だった」ってね。おかしいわよ、安全な国で最後は殺し合いになったのに。「今、私たちはEUに加盟して、また変わる。動乱の百年。そしてまた植民地に戻る。万歳。でも、それでも私は、この家を手放しはしない」。

一同唖然。だがアリサ、「それやっぱり間違ってる」。ルツィア、アリサに身なりを整えるよう言う。「父さんは精神安定剤でも飲んだ方が良いかも、教会で騒ぎを起こさないようにね」。それから祈りの練習を手伝ってくれとわめく。「みんな頑張って、笑顔になって、私のクソみたいな人生で、一番幸せな日なんだから」

外から、大きな民族音楽の演奏が聞こえる。花婿が、楽隊を引き連れてやって来るのだ。中では、コス一家が、凍りついたように、部屋に散らばって立っている。

第十四場

一九四五年十一月。場所はカロリーナの寝室。モニカ（四十五歳）がカロリーナ（四十七歳）の横で椅子に座っている。そして一人語りだす。

モニカ、あの方は台所に入ってきました。「カロリーナの兄だよ」って言いながら。あの方は、温かいミルクをご所望になりました。イギリスのどこにもないものは、うちの牝牛のと同じ味がするミルクだ、って仰って。

（一方で二〇一一年の結婚式のシーン）。音楽が庭から聞こえる。結婚式の楽隊。アリサ（三十六歳）が、寝室に入ってきて、荷物をまとめ始める。

モニカ　あの方は私がとてもきれいだと言いました。私の頭は、変な考えに毒されていないとも言いました。君の目は優しくて純粋だ。あの方は私の名前を尋ねました。「モニカ」と私は答えました。「モニカ、モニカ、君の名前を覚えておこう。君という、僕たち善良で純粋なものの真髄に出会った思い出に」。それから、「君は自分が最も高貴な生き物であることを分かっている？」と尋ねました。そしてあの方は私の目をじっと見つめました。「僕たちをこれからどんなにひどい人生が待ち受けているか、分かったもんじゃない」。誰も、誰一人私の目をそのように見たことはありませんでした。彼は素晴らしい宝石を見るような目で私を見て、そしてキスをしたのです。

（以下ラストシーン。ただ原作と文学座の舞台は異なっている。127ページ参照）。

若いアリサとマルコが雪の中でキスをする。

老いたカロライナは車椅子で、一人でぐるぐる回っている。

彼女に雪が降る。

ルツィアが、豪華な白い舞踏会用ドレスで、ヴラドと踊る。

ドゥーニャがイゴールと踊る。

ローズがアレクサンダーと踊る。

マーシャがヴラドと踊る。

家の前に立つアリサ。彼女はスーツケースを持って立ち去る。

＊ http://www.bungakuza.com/ で『スリーウインターズ』を調べると、そのリハーサル風景が見ることができる。

3　日本の文学座による表現の特徴
――日本人の多くに初めて「クロアティア史」が伝わった

脚本、家族という舞台の次に、文学座による表現そして松本祐子さんの演出の特徴について歴史家なりに見ていく。

まずは演出の松本さんが、文学座でのコンペを勝ち残るために日本の観客に何を強調しようとしたか、そう私が質問したときの彼女の答えをかいつまんで紹介する。

……文学座には劇場を使用した本公演と、アトリエでの公演がある。最初の一年目は日本人にはなじみの薄いユーゴスラビアの歴史が物語の根幹にあるので、大衆性や娯楽性などが感じられず、アトリエ公演の方が向いていているだろうという判断でした。……そんなわけで二年目はアトリエ公演の作品にするべく、作品を提出しました。ユーゴスラビアの歴史が日本人には遠いものだという既成概念を覆せない人が多かったこと。多分、一回目のプレゼンでは作品に描かれていることを大切に読み込むあまり、独自の切り口が提示できなかったんだと思います。

なので、さらにもう一度、企画を提出することにしました。前回、プレゼンテーションで悔しい思いをしたので、作品をユーゴスラビアに縛らない、その地の歴史を知らない日本人でも、家族の物語、女性が家族を守る物語として捉えられるようにしました。女性は自分の愛する人を何が何でも守ろうとする。でもその美しい思いが、時として他者を排除してしまうことがある。それが大きい意味で戦争のひとつの引き金かもしれない、そうやって私たちは破壊と構築を繰り返している。なんとかして破壊、排除をやめることはできないのだろうか、そして経済に振り回される私たちは、新たなナショナリズムの波に飲み込まれていないだろうか、そんなことを考えて欲しいということを中心に据えて、俳優の数も最小に、舞台セットもユーゴスラビアらしさを追求することはやめて、戦争の犠牲者、家を奪われた人々の象徴として鍵の山、それが時には人の骨にも見えたら良いなと思いました。予算の都合もあってかないませんでしたが、本当は床面が全部鍵で出来ているような空間にしたいと思いました。それから、家庭を構成している、食卓、居間（ソファー）、ベッドルームはいつの時代にもあったはずなので、それだけで空間を説明しようと決めました。また、家族がずっと守ってきた家は、私たち文学座にとってはアトリエなので、なるべくアトリエの空間それ自体がコス家の家屋に見えるようにしたいと思いました。そうやって装飾を削ぎ落していった結果、遠かったユーゴスラビアが、近くなったように思います。……以上が企画が通るまでの物語です。（松本メール）

実は東欧史の研究の上でも、世界的な動きが東欧でいかに現れるかをテーマとするか、東欧のローカルな事情というか、いわゆる「内発的」要因をテーマにするかによって研究の重心が違ってくる。私自身は後者にこだわるのだが、研究を今度は他者にプレゼンする際、前者についても説明しないと他の東欧史研究者とも議論が始まらない。ましてや一般の読者については前者を前面に押し出さないと広く関心は得られない。民族紛争のあった旧ユーゴについて、まずは日本人と同じグローバル化の中にいる人々の国々として感じ取ってもらうことが重要だったのかもしれない。複数の要素の優先順位をいかに調整するかというのは、表現者も研究者も同じように抱える悩みである。

では具体的に文学座の上演でグローバル化の中のコス家を強調した点を、一つは小さな舞台空間（クロアティアでの上演では国立劇場の大舞台が使われた）、二つ目は舞台美術や小道具の省略（文学座は原作のト書きを詳細に再現することはしなかった）、三つ目として演者による体を使った表現と演出家による調整について見ていこう。いずれの点についても、雑誌『悲劇喜劇』に載った文学座関係者の文章を参考にしたのちに、私の意見を付け加えていく。演者の演技と演出については、私と文学座の演者・演出家との「やり取り」を皆さんに紹介していきたい。

①舞台空間

文学座のアトリエという、今年七十年を迎える空間の力＊も大きな役割を果たした。「松本はアトリエのブラックボックスの空間をあえて飾らず、ベッドやダイニングテーブルといった最小限の家財を置いただけだった。作者が注記しているような写真の映写も使わない。空間を信頼しすべてを、潔く観客の想像力にゆだねた。実際それだけで、どこにでも、いつの時代にもなったのである」（濵田元子）。

［デザイン：石井強司］

＊文学座創設者の一人、岩田豊雄は「アトリエ憲章」の中で、アトリエの性質に言及し、「文学座の練達者をも含む冒険的な試演の機関」と位置付けた。

「アトリエにある14メートル四方の壁や窓、バルコニーすべては装置にもなる」。舞台は、東欧の統合と分裂をくりかえす国家だが、「戯曲は家族を中心に展開される人間ドラマだ。装置は家族たちが住んでいる家で、テーマも背負う。これが通常の劇場公演なら、よりクロアチアらしい家を作る可能性はあるだろう。だがアトリエ版は逆に無性格なものになるだろう。これは作品の普遍性をより強く示すためである」（舞台美術家石井強司、「『アトリエ』昨日・今日」、前掲誌)。

二つの(濵田と石井の)引用からして、『スリーウインターズ』の舞台空間は、脚本のグローバル化という側面なり普遍性というものを強調するように作られたことが分かる。一方で、最終第十四場の結婚式の民族音楽は省略されたようだ。映画『アンダーグラウンド』でのバルカン音楽の使い方は日本でもある程度知られているので、日本のバルカン音楽家に相談しても良かったのかなと私自身は思う。

②舞台美術、小道具

「美術でいえば、アリ塚のようにも見える鍵の山も効果的だった。第一場で、チトーのパルチザン兵士として戦ったローズが鍵の山から、自分が生まれたザグレブの家を選ぶ。社会主義になり家は所有者から取り上げられ、すべて国有化された。コス家の物語は、その鍵の数(もちろんそれ以上)の家とその家族たちの物語のほんの一角にすぎないという暗示」(濵田元子)である。確かに、日本の観客には想像しにくいところの、社会主義国家になるという歴史的現象を端的に示すことができている。

後述するクロアティアの若い歴史家によると、劇中に出てくる貴族の娘カロリーナの肖像画は、歴史的過去を思い出させる一つの装置だそうだ。

一方で、グローバル化のドラマの中にクロアティア、バルカンらしさが食卓の料理に隠されている。まずアレクサンダーが一九九〇年のローズの葬儀で食べたがった豆のスープ(第七場一九九〇年)は、まさに農民食であり、逆にシュヴァルツヴァルト・ケーキは日本でいう「舶来」の食べ物である。因みに、第四場(一九九〇年)で登場するアップル・シュトルーデルは、原作者本人も気づいていないかもしれないが、実はオーストリアの菓子として有名だけれど、ハンガリー人がトルコ菓子の生地でリンゴを包んだのが始まりとの説がある、やはりバルカンを象徴するケーキである。

③演技

杉山弘は『スリーウインターズ』の成功の秘訣は第一に戯曲の確かさ、そして第二に劇団の強み、スタッフを含めた全体のチームワークと、演技のアンサンブルを挙げている。（第三は上演への執念らしいが、要は歴史をかなり勉強したということだろう）。そこでまずは芝居を観た側の受け止め方と芝居をする側の思いを比べたのちに、演者個々の思いと全体のアンサンブルについて見ていこう。

登場人物	
ローズ・キング	**永宝　千晶**
アレクサンダー・キング	**上川路啓志**
モニカ・ズィーマ	**南　一恵**
カロリーナ・アムルーシュ	**寺田　路恵**
マーシャ・コス	**倉野　章子**
ヴラド・コス	**石田　圭祐**
ドゥーニャ・キング	**山本　郁子**
カール・ドリナール	**斎藤　志郎**
アリサ・コス	**前東美菜子**
ルツィア・コス	**増岡　裕子**
マルコ・ホルヴァット	**神野　崇**
イゴール・マリエヴィッチ	**得丸　伸二**
マリンコ	**得丸　伸二**

〈演技を観る側、演じる側〉

まずは、濱田元子さんの演技評を紹介しておく。

「役の背景を理解して演じる文学座の俳優さんの強みが発揮されていましたね。みなさん役を生きることに長けていらっしゃる。そのことによって物語が観客のなかに入ってきました。私はマーシャ（倉野章子）とヴラド（石田圭祐）というカップルの会話が面白くて。マーシャが、自分はずっと家の面倒を見てきたと愚痴を言うところがありますが、家族を支える愛と気概を、倉野さんからひしひしと感じました。ヴラドは、自分の信念を貫いたことで職を追われながらも、歴史の先生という事もあり、歴史に翻弄される人間を冷静に見つめる視点に立っている。石田さんの演技が際立っていてよかったです」

「そんな四世代、それぞれの女性たちの生き様を、普遍的な『私たち』の物語として身近に引き寄せた女優陣の演技が圧倒的だった。層の厚い劇団ならではの強みでもあろう。

南のモニカに使用人として自分を抑えてきた女性の悲しみがあり、倉野のマーシャは家族への愛と自己実現の間での思いの揺れを見せた。現実的な増岡のルツィアと、理想家肌でややとんがった前東のアリサが対照的な姉妹となり、対決シーンもビリビリとして見応え十分。パルチザン兵士だった永宝のローズに、苦い戦争を生き抜いた胆力がにじみでた」。

またもう一人辻原登さんの評を見ておく。

「俳優一人一人の力量が見事なアンサンブルを生んでいる。モニカ役の南一恵さんは非常にしみじみとした味を出していましたし、ローズ役の永宝さんは陰影が深かった。マーシャ役の倉野章子さんは非常にチャーミングでした。文学座の底力、チームワークの良さがはっきり出ていて、見事な舞台だったと思います」

同じ『悲劇喜劇』誌で「現実的なルツィア」を演じた増岡さんが、稽古時の自らの境遇と重なることが多く、そのため思い込みが強すぎたこと、しかし原作のルツィアにしても家族への思いやりがあったはずであることに気づいたと振り返っている。「思い入れが強すぎただけに最後の長台詞（第十三場のアリサとの言い争い）は苦労した。今振り返ると本当に恐ろしいのだが、稽古当時の私には、絶対にこの線だという確信があった。でもやってみるとことごとくNG。強すぎたのだ……全然痛みを伴っていないと言われた。何故か。『私の家族を傷つける奴はぜったい許さない！　家族を守るためなら何でもやる！』と言う思い。その思いがエスカレートして、結果自分の意見にそぐわない家族までをも全否定していたのだ」。家族を問い詰めるところはルツィア自身にも痛みが伴っていなければならない。「ツタをはぎとって隣人を追い出して家を自分のものにするという決断は、彼女にとっても苦渋の選択でなくてはならない。その揺れの中に、人間の、ルツィアの機微が見える。演出の祐子さんは粘り強くそのことを教えて下さった」。

増岡さんは、政治も歴史的背景も全然違う国の話だけど、芝居を作っていく中で自分の考え方も変わったと締めくくっている。異文化を体験しながら、自分を見直したことになる。

一方、異文化体験の「難しさ」を思い知らされた例がある。ユーゴ崩壊と内戦の姿をあまりにショッキングなものとして受け止めた演者がいた。イゴール役の得丸伸二さんである。ご本人の了解を得て、このときのかれの体験を紹介しておく。

「台本を読んだとき、ユーゴスラビアに対する知識はゼロに近い物でした。一九九八年のフランスワールドカップで、日本が対戦したクロアチア戦を現地で見る機会があったのですが、後に、選手たちが戦禍でサッカーどころではなかったという話を知ったくらいでした。正直、台本の中にわからないことが多くありました。事前に勉強するようにと渡された資料に目を通し、歴史的な背景はわかりましたが、それを知らない観客は、どのようにしてこの芝居を見るのか不安になりました。そこで、自分はそういう観客に近い状態で稽古に望もうと思いました。つまり、わからないことを調べてわかるようにするのではなく『ここがわからない』という話を、稽古場でさせて貰おうと考えたのです。ただ、稽古が始まり、1人そういう訳にもいかなくなり、分厚い資料を渡され、映画『アンダーグラウンド』のDVDを借りて見るにつれて、ユーゴスラビアの苦しみが身体に染み渡るようになりました。ところが、困ったことに、台本142ページのイゴールのセリフで＊、紛争が起きることを懸念しているドゥーニャに、そんなことは起きないと明るく元気づける場面で『劇の人物は、未来を知らないのだから、明るくのんきにやってくれ』という演出家の注文に対応することが出来なくなっていたのです。筋肉をつけすぎて、バットが振れなくなった野球選手のようにユーゴスラビアの悲劇を知ってしまった身体では明るくのんきに出来なくなってしまったのです。これは後から気づいたことで、何故出来ないのか自己分析してわかったことですが、スポーツ選手（ゴルファーなど）が陥る『イップス』に近い物でした。

資料で勉強するだけだったらそれ程ではなかったかもしれませんが……。『アンダーグラウンド』は強烈に私の身体に染みこんでおりました。ユーゴの紛争で亡くなった亡霊が取り憑いていたのかと思わせる体験でした。演出家の、それ程難しくもない簡単な注文に答えることが出来ないでいたのですから、役作りのアプローチの繊細さを痛感した出来事でした……」

＊第七場　民族紛争を予言するカールに対して、「ドゥーニャ、俺たち、ボスニアで、すっかり混じり合っているんだ。キリストとアラーが、袖をまくって一緒になってかかっても、俺たちを分けることなんかできないよ」というセリフ。

人によって感性が違うということか……。それにしてもそもそも役作りとは何なのか、チェコの映像作家シュヴァンクマイエルに関する「見立て」ということば等を引いて松本祐子さんに聞いてみた。

……役になりきる、役作りするという言葉はよく聞きますし、その方法論は様々だと思います。極論を言えば、俳優個個人で微妙に違うところもあります。私個人は役になりきるという言葉はあまり信じていません。登場人物が俳優に憑依するわけではないので。

ただ、前回の答えにも書いたように思いますが、俳優は自分の語る登場人物の言葉と行動の動機を探ってその動機を理解して、その言葉や行動を自分のものにするという過程を稽古期間中に行います。つまり、価値観やその役の哲学を自分のものにしていく作業をしています。そのため、越村さんも書いていたように、全く同じ体験ではないけれど、想像力の翼を借りれば、似たような経験を登場人物の置かれている状況も含めて想像し、自分の理解できる体験や動機を摑まえるという作業をして、登場人物の言葉、劇作家の書いた言葉を自分のものとして血肉を与えていくのです。「それらしく見える」という言葉も定義が難しいと思うのですが、その他者の書いた言葉を自分のものにしていく作業が細かくて深い人ほど、傍から見ていたらリアリティのある演技、その人の言葉そのもののように聞こえる、所謂名優というものになるのかもしれません。ただ、そこに至る道筋は、様々です。

さて、上記のことをふまえてナショナリストのカール役の斉藤さんのことも話します。越村さんは『かの芝居で最もダメな男として描かれていたカール、その役を演じた斎藤さんは松本さんに何か感想を言っていましたか、あの役の人物について、また演技についてどう思うとか言っていましたか』と尋ねていましたね。

これも前回のメールで似たようなことを書いたかもしれませんが、役の価値観や道徳観、経験や信条と近い場合は、俳優はその役を理解するのに比較的困難を感じないようです。逆に、カール役の斉藤さんのように自分からかなり遠い価値観を有している登場人物を理解するのは、大きな困難を感じることもあります。

私はカールは決してダメなやつというふうには思わなくて、どちらかというと、ああいう人が大多数なのではないかと思うのですが、その分、ひとの醜い部分、認めたくない自分のコンプレックスを認めなければならない役なので、自分の言葉として取り込むのが大変だったと思います。

普段の斉藤さんは外見的なルックスや低音の声質とは正反対で、とても優しい、お喋りなおばちゃんのような性格なのです。なので、あのように、今行動を起こさなければ、奴らに負けてしまうと他者を煽ったり、奥さんに暴力を振るうなどということは、彼の日々の中にはありません。それから、あの役だけが他の家族のメンバーと違う意見を持つ役だったので、舞台上でも味方になってくれる人が少なく、どちらかというと甘えたがりで人懐っこい彼にとっては、カールと言う役は難しかったと思います。特に妻に暴力をふるうシーンは本当に嫌だと言っていました。きっと彼の中の正義が、演技とはいえそういうことをすることに対して（すべて立ち回りの振付師に振り付けられているにもかかわらず）嫌悪感を持っていたのかもしれません。……。

役作りは個人個人で、ケース・バイ・ケースで微妙に違うようだ。であればどのようにして全体のアンサンブルを作り上げたのだろうか。まずは演者一人ひとりに役作りと全体の芝居作りについて聞いてみた。

〈演者の役作りと演者全体の調整〉

複雑な社会の縮図のように異なった考え方がぶつかる、だれが主役なのか分からないような芝居をどう作っていったか、それが知りたくて私はまず『スリーウインターズ』の出演者全員あてに、次の問いかけをした。

……時節は、東京オリンピックの聖火リレーが始まったのに、コロナの感染拡大はギアが入ったようにすすむ今日この頃です。すでに他の舞台をこなし、いまさらかよとお思いの向きも多いでしょうが、『スリーウインターズ』はこれからの世界史にとって重要な作品だと勝手に信じて、皆様に以下の質問をさせてください。

質問Ａ　台本を初めて読んだときは理解できなかったが最終的には表現できたと思うセリフや表情はありましたか？

質問Ｂ　それが表現できるようになるまでに何かの気づきがありましたか？

質問Ｃ　相手役の助言や関係性のなかで表現できたことはありましたか？

これらの回答を場面ごとに書いていただけますか？場面は多いほどうれしいです。
この問いに対して早速返事をくれたのが、モニカ・ズィーマ役の南一恵さんである。

南さんの回答

・「灰皿のシーン（第三場一九四五年に入居したシーン）」について
質問A　それは灰皿じゃないよ。最初はアレクサンダーが使っている灰皿がわりの入れ物を見て普通に言っていました。
質問B　その一言で灰皿は何処にしまってあるかを使用人のモニカは知っていると言うふうにしました。
・ラストシーンについて
質問A　十四場の一人だけの長台詞　最初はとても大変でした。
質問B　でも段々、セバスチャンと過ごした幸せな時を、演じていても幸せでいられるようになりました。
質問C　松本さんとの個人稽古の時、全部自分の言葉で言ってみて、とかモニカの所を一恵にして言ってみて、と言われて笑いながら台詞を言った事はその場の役作りにとてもプラスになりました！
・カロリーナとの関係について
質問C　カロリーナとの関係ですが、寺田さんから、カロリーナといる時の立つ位置などを助言していただきました。それが、ご主人様と使用人との関係を表す事にもなると思います。

短い回答だが、ここに文学座の芝居作り、松本さんの演出の特徴が垣間見える。そこで松本さんに尋ねた、問い「モニカのところを一恵にするというのはよく使う方法でしょうか？」

その答え、「……テーナの作劇で素敵だなと思うところが、例えばこの南さんが言っている第三場のモニカのセリフです。この『それは灰皿じゃないよ』から始まるト書きで、モニカとこの屋敷の関わりが表現できます。彼女は、この屋敷に対して色々な思いを持っていますので、このセリフは短いけれど大切なのです。でもそれを成立させるためには南さんの芝居だけではダメで、それを聞いた時の、ローズとアレクサンダーのリアクションで、上記のことが観客に伝わるものになります。

私はなるべく役のリアリティを俳優自身のリアリティと響き合わせて演じてほしいという思いが強い演出家です。なので、南さんのこうしなければならないという思い込みを取って、全て自分のこととして感じてもらうために、ご自身のお名前でやったり、ご自分の言葉に直してもらったりしました。いつもやるとは限りませんが、俳優さんが役の思考回路を獲得していないなあと感じた時、そしてその俳優さんがそういう方法論を受け入れてくれそうな時には、ためしてみることもあります。

最後のシーンの長台詞は、とても大変だったと思います。作品を終える、この『スリーウインターズ』に出てくる女たちの最初のジェネレーションの言葉として、のちの世代の女たちに響く言葉が書かれていますが、そもそも一人であんなに語るというのはその動機をどう自分の中で信じ込めるかが、会話ではない分、とても大変なのです。

また文学座は作品のために、演出家だけではなく、俳優、スタッフが自分の意見を比較的垣根なく、自由に言い合う劇団です。寺田さんが南さんにいろいろ意見したのは、作品のためで、当時の使用人と貴族の娘の本当の距離感は、私たちにはわかりませんが、こういうものなのではと、色々稽古の段階で、ためして、意見交換をしていたということです。

とにかく、俳優は自分の知っている世界と、作品の世界のギャップを個々人の想像力と、稽古場で交わされた言葉、行動でもって補って、新しく構築しています。そのために稽古場が、演出家があるのだと思います。……」。

総じて松本さんは、演者を見ながら、ヒントを与えて役作りを助けたようである、また役者同士は、意見を出し合ったようである。文学座であれば一人ひとりの能力もプライドも高いだろうし、このような関係性を作るのはとても難しいだろうと推測する。私も美大で数々のコラボレーションに立ち会ってきたが、このような関係を作るのは容易ではなかった。

次はマーシャ役の倉野さんの回答（私の問いに対する）である。ファックスの文をそのまま載せるが、これを読んだあと、越村と松本のやりとりを交互に引用していく。

倉野さんの回答　スリーウインターズを振り返って――「表現」について、マーシャ・コスとして台本を始めて読んだ時は、殆ど無知と言って良いクロアティアの歴史を学ばなければと、添付された資料や映像等参考にしました。無論それは必要でしたが、このストーリーはどの国の、どの歴史の中であろうとその時代時代を生きた家族の話だと言うことが読み進めるにつれ解って来ました。

「表現」する者として告白しますが、初め解らなかったが「表現」できる様になった、と私が言えるものはありません。

共感し、マーシャの言葉を自分の言葉としてドラマの中に存在したつもりですが、「表現」に繋がったかどうか私には分からないです。

文学座のアトリエという空間は役者には「表現」というより存在するかどうかを問われる空間だからなの

です。表現についての判断は演出家に丸投げです。

そこで

★存在する為に掴めたか解らなかったセリフ

第四場、一九九〇年一月、妹ドゥーニャとの会話の部分、母の衣類を整理しながら（母ローズの葬式の日）ドゥーニャに問いかけるセリフ

「私、どこが悪いんだろう。こんな寂しいのは私だけだと思うの。……。周りにいる物がみんな……なんて言うか　水の底にあるみたいな気がして」

母との関係、父との関係が絶たれた状況、繋がりたくともそうはできない状況だと想像はしても、ついに自分のものにできなかったセリフです。

★全員で演じてみて存在できた場合

第七場、同じく一九九〇年一月、母ローズの為偲んで集まった人々の会場でコス家の状況はまさしくチトー体制を表していると理解しました。1人1人が役を纏って立ち向かった時、クロアティアの現在（一九九〇年の）が現れてきたのでした。全員が納得した事だと思います。

★関係性が取れ、自分のものとして存在できたのは

第十二場、二〇一一年一一月、ルツィア結婚の前夜、夫ヴラドとの会話。

舞台も出来、裏で板付いていた（初めから演者が舞台にいる）時「こういう年金が頼りの夫婦のよすがは、互いの愛情なんだろうなあ」と夫役の石田君が呟いた。深く感動。ヴラド、マーシャを、それ以降の場面においても、各々深められたと思います。

まずはアトリエという観客と距離の近い空間では存在することが大事であるというのが倉野さんの認識である。この「存在を成立させる」上での難しさがどこか、またクロアティアの歴史の何を原作者が表現したいのか、十分私には理解できなかったので松本さんに助けてもらった。以下はその時のやり取りである。

越村

「実に興味深いですね。まずは具体的に聞きます。マーシャが母の死に際して感じた『まわりが水の中』という感覚は、私には単に母と娘のコミュニケーションのことではなくて、マーシャが周りと分かり合えていると思ったけど、実はそうじゃなかったという身近な社会での『疎外感』のことを言っていると思われます。松本さんはどう思います？」

松本

「ここの原文は I don, t know what's wrong with me. I don, t think anybody has ever felt this lonely. Is that normal? I feel like everything around me is…sort of…underwater. です。

私が思っていたのは、マーシャはずっと母親の愛を十分に受けたとは感じずに生きてきた。ローズはきっと、わかりやすい愛情表現をするのが苦手な女性だったのだと思われる。愛されたいという欲望が満たされなかったことで、マーシャはローズのような女性にはならないと思い、自分の子供たちにはいわゆる母親らしい愛情を注いできた。だからローズの生前は、マーシャとローズの母親と娘の関係はあまり素敵なものではなかった。なのに、いざ、ローズが死んでしまうと、マーシャは自分でも驚くほどに、母が逝ってしまったことに心が痛んでいることに気がつく。こんなにも母親が死んでしまったことが、自分に孤独を感じさせるものだということにマーシャ自身が混乱している部分もあると思う。翻訳ではわかりやすくするためにまわりにいる人がみんな、なんて言うか、水の中にいるみたいな気がして、というように一旦はしましたが、人のみならず、全てのものが、この悲しみを伴って水の中でたゆたっているように、今の自分には感じるということだという意味です。なので、社会への疎外感ということではなく、母親との愛情関係がついぞ自分の望む形では成就させられなかった自分への、どうしようもない気持ちを描いているのだと思います。俳優がその言葉を自分のものにしたと感じる感覚は、何度も言いますが、その俳優個個人でその深さも浸透度も違います。倉野さんは比較的、全ての言葉を自分の価値観に細かく置き換えて、役を自分に取り込む俳優ですので、全てが水の中にあるような気がするという、マーシャの感覚が少しご自身の感覚と違ったのかもしれません」

評者の濵田さんがこのシーンで「倉野のマーシャは家族への愛と自己実現の間での思いの揺れを見せた」と感じたと言っている、であれば倉野さんはマーシャをたしかに「存在」させていたと言える。そして濵田さんの指摘を合わせて考えれば、この部分は、松本さんの指摘通り、マーシャの内面の葛藤と考えた方がよさそうだ。テーナの描く人物（とくに主役級の）は内面の葛藤も深いのである。

越村

「関連して、これは質問ですが倉野さんのいう『人々が役を纏って立ち向かった時、クロアティアの現在が表出した』というのは社会主義の理想論でなく、資本主義という、より功利主義的人間の本性に近い制度、体制が現れたという意味でしょうか？　その場合『役を纏って』というのはどういう意味でしょうか？　本人に聞いた方が良いのでしょうが、演者の全員が納得したと書いてありますし、まずは松本さんのご意見をお願いします」

松本

「これは、倉野さんの感じたことなので、私が正しくこの言葉を説明できるとは思えませんので、これに関連して私の考えを言います。クロアチアの国立劇場の俳優たちに会った時に、言われたことは、きっとこの一九九〇年のシーンが一番難しく感じるだろうということでした。第二次世界大戦後のシーンは大きなナチズムという敵がいて、貴族社会と使用人の立場、パルチザンというわかりやすい違いが描かれていますし、二〇一一年のシーンのグローバリゼーションへの危機感はどの国でも似たようなものを抱えているだろうということです。しかし九〇年代の戦争前夜の感覚は、クロアチア人の彼らにとってもリサーチが必要なことだったそうです。で、七場なのですが、ここはローズのお葬式で集まった家族のシーンですよね。ローズという、この家を家族のために手に入れた出発点の人が死んだということは、ひとつの時代の終わりを意味しています。彼女は強烈な共産主義信奉者だったと思われますので、今まで信じていた価値観が亡くなって、次の価値観に移行しなければならない感覚というものが、登場人物それぞれに備わっています。

日本人の私たちが演じるにあたっては、戦後の大きな転換期を除いては、大きな社会体制の変更はありませんでした。しかしながら、このシーンを演じるにあたって、第二次世界大戦後の敗戦期の私たちの記憶は助けにはならなかったと思います。

だから、このシーンに存在しているのは、家族にとって大きな存在だったローズの死。そして、この時代に広がってきた資本主義的な考え方と、今まで信じてきた共産主義的な考え方の摩擦。カールに代表される、チトーが亡き後、ひとつの大きな考え方に沿っていくのは無理だということ、隣の人が自分よりいい思いをしている時に妬む気持ちなどが明らかになった。チトーが亡くなって、国が纏まらなくなってついにはバラバラになって戦争になったように、この家庭ではローズという大きな存在が無くなって、家族が纏まらなくなって、ついにはカールによるドゥーニャに対するドメスティックバイオレンスが起きてしまう。……ということですね。ここでもテーナが上手いのは、大きな国家的な問題と家族の問題を同時に響き合いながら描いているところです。

私は俳優みんながこのチトー亡き後の世界を共有していたとは思いません。けれど、ローズ亡き後の世界は、共有できていたのだと思います。役を纏うというのは、倉野さんの言い方なのだと思いますが、俳優は己と自分の距離感を稽古の過程で様々な方法を用いて、縮めて役を自分のものとしていきます。そういう意味で、マーシャを演じている倉野さんはローズの死とともに、この社会が明らかに変わりつつあるということを実感し、登場人物それぞれが、ごく個人的なゴッドマザーのような母親の死亡ということに、各々の役で立ち会うことで、チトー体制の崩壊に立ち会っていたのだと思いますし、それが出来るようにテーナはこの作品を書いたのだと思います。そして七場の最後で戦争が起きるということがテレビで放送されるわけですが、この瞬間、俳優たちは、今まで安泰だと思っていた社会が崩れていくという感覚を、その役の人物として受け取れたという意味で、倉野さんは納得したという言葉を用いたように思います……」

クロアティアまで行って勉強したのは松本さんだけだが、文学座の演者がクロアティアの歴史の大きな曲がり角を一緒に「体験した」ということのようだ。それぞれの役の人間を存在させることを通じて……。集団の中で、その場で出来上がった世界の中でそれを「体得」できるのが芝居なのだろう。

これに類した体験を世界史の授業の中でさせることはできないのだろうか。

役作り、芝居作りはこれぐらいにして、私は最後に一つの確認と一つの（大きな）質問をした。クロアティアの歴史の捉え方にとってとても重要なラストシーンについて、またバルカンの歴史につきまとう民族問題について今でも難しいと思うかどうか、松本さんに質問をぶつけてみたのである。

越村　まずは確認

「ラストのシーンはアリサの動きなど原作と違えたんでしたね？」

松本

「……はい、原作のト書きとは変えています。原作のト書きでは、若いアリサとマルコが雪の中でキスをする。年老いたカロリーナが一人、車椅子でくるくる回る。雪が彼女に降りかかる。ルツィアが豪華な白い舞踏会用ドレスでヴラドと踊る。ドゥーニャがイゴールと踊る。ローズがアレクサンダーと踊る。マーシャがヴラドと踊る。「大人になった」アリサは家の前に立つ。彼女はスーツケースを持って去る。などとなっています。この作品が最初に上演されたのはロンドンのナショナルシアターのリトルトンで、このプロダクションでは一九九〇年のアリサと二〇一一年のアリサは別の俳優が演じていました*。

＊ロンドンでのキャスティングは、

ルツィア　―一九九〇年と二〇一一年は別の俳優
アリサ　―一九九〇年年と二〇一一年は別の俳優
マーシャ　―二つの時代を一人の俳優
ドゥーニャ　―二つの時代を一人の俳優
ヴラド　―二つの時代を一人の俳優
カール　―二つの時代を一人の俳優
マルコ　―一九九〇年と二〇一一年は別の俳優
アレクサンダー―一九四五年と一九九〇年は別の俳優
カロリーナ　―一九四五年と一九九〇年は別の俳優
他の配役は役者が一人づつ。

私の公演では全ての配役が一人一役だったので、もともとのト書きをすることは不可能でした。そこで、これまでの家族の歴史に関わった人たちが出演するということと、ルツィアとヴラドが踊るというのとアリサが去る――というのは活かして、あとは変更しました。私が最後に現したのは、この家族の歴史と、存在したかもしれない幸せな家族の肖像です。でも、その幸せは、つまりルツィアが望んだ幸せは、他者の犠牲の上に成り立っていることを、マルコの存在が現し、それを見つめているアリサがこの家を去る決心をするという表現に変えました」。

ここでもいろんな人々の考えや時間の流れ方を、日本公演なりにとくにグローバル化の問題を描くかたちに方向づけたということだろう。

質問

越村

「上演後の現在でも民族問題は難しいと感じていますか?」

松本

「さあ、この答えはこれまた難しいですね。先生は、政治経済の矛盾や社会の不公平が民族という人の括りを借りてあらわれるというだけのことなんですがね、と書かれていますが……。

まず、大きな意味での民族問題を扱うということは、私個人はこの先も挑戦していきたいとは感じていますが、同時に、常に難しい問題と思います。それは文学座がどうこうということではなく、私にとって難しいです。

私は、今、個人的に幸せです。……けれど、もしも私が不幸だったら、今のようなリベラルな精神でいられたでしょうか。もしも職業につくことに苦労していたら外国人労働者に冷たくあたっていたかもしれません。ヘイトスピーチをするような人が、減少して欲しい、国籍ではなく個人が問題なんだと心から思っていますが、もしも自分がダメダメの状況だったら、人を羨む気持ちがネガティブな方に増長したかもしれません。だからこそ、民族や宗教の問題を扱った作品をやりたいと思うのかもしれません。自分と同じ国の人間にある種のシンパシー、親密感を持つのは良いことだと思いますし、私は宗教は麻薬に近いと思っていますが、信じる神がいることは幸せなことかもしれません。と同時に、その線引きは危険な差別を引き起こします。……『スリーウインターズ』の女たちも特にルツィアに代表されるような、自分と自分の周囲の人間たちを大事にするあまり、他者を排除してしまうことを正当化してしまうという動きがあります。

私たちの中にある、無意識の差別意識に光をあてることが、この社会を公平な目で見ることへの第一歩のように思います。

民族問題を描く時は、いつも自分の差別意識や利己主義に気がつかされます。そういう意味で、難しいです。難しく無くなる時はないようにも思います。だから、扱う時はその戯曲の完成度、立ち位置も大切です。けれど、だから扱わないのではなく、自分の狭さ、無知を認識するためにも、今後も挑戦していきたいと思っています。文学座は今後もその作品に民族問題が含まれているか否かではなく、それを立体化して演劇作品として豊かなものになるか否かで作品選定をしていくと思います。多くの劇団員を要していますので、政治意識も真逆な劇団員がいます。その矛盾を含んでいる集団であることが文学座の良い点だと思っています。……」

私は研究者であるが、松本さんのような誠実でかつ懐の深い表現者と、また文学座の人々と一つの芝居を通じて出会えたことに感謝したい思いでいる。クロアティアの複雑な歴史物語を日本の人々にこれほど確かに伝えられたことに驚いてもいる。因みに、私が二回公演を見た限りでは、観客の多くはヴラド、マーシャ夫妻ぐらいの六十代の男女や、アリサぐらいの三十代の芝居好きの女性だったように思う。この点念のため文学座企画事業部の梶原優さんに伺ったところ、彼女によれば、「観客層に関して、通常の文学座の顧客層としては高齢のお客様が多いです。ただ、『スリーウインターズ』に関しては私の記憶でも、四〇代〜五〇代の女性が多くいらしていたと思います。もちろん二〇、三〇代の女性もいたと思いますが。全体的に他の公演に比べて女性層が多かったので、女性の視点で描かれている作品という点で注目度があったのではと思います」とのこと。女性の年齢を当てるのはむずかしいが、恐らく全日程を見ている梶原さんの見方の方が正確に観客層をみていると思われる。

＊『スリーウインターズ』の受賞歴

二〇一九年

◉個人　松本祐子　第54回　紀伊國屋演劇賞　個人賞
第27回　読売演劇大賞　最優秀演出家賞
『ヒトハミナ、ヒトナミノ』（企画集団マッチポイント）、『スリーウインターズ』（9月アトリエの会）での演出に対して

◉団体　9月アトリエの会　第12回　小田島雄志・翻訳戯曲
『スリーウインターズ』　第27回　読売演劇大賞　優秀作品賞
第7回　ハヤカワ「悲劇喜劇」賞

4　歴史の事実とフィクションを「下（個人や周辺地域）から」積み上げること

この本の前半で映像について考えた時も事実とフィクションの問題が出てきたが、『スリーウインターズ』の

脚本のような歴史物語についても、やはり事実とフィクションの問題が生じてくる。

①『スリーウインターズ』——個人的現実と公的現実の間

私は、昨秋、クロアティアの知人で、歴史学の方法や理論に詳しい歴史家ズリンカ・ブラジェヴィチ女史にメールを送り、『スリーウインターズ』がイギリスだけでなく日本でも上映され、高い評価を受けたことを告げ、この作品を読み、それがフィクションであるとしても、歴史教育に役立つものであるかどうか、意見を聞かせてほしいと頼んだ。そのときの返事はこうだった。

ズリンカ・ブラジェヴィチさんからの返事

越村先生

ご無沙汰しています。久しぶりのメールですが、まず私は、ご存じのとおり近世クロアティアの歴史的事実は熟知しているつもりですが、近代と現代の歴史についての知識は不十分であります。そのため、シュティヴィチッチさんのドラマがどこまで歴史に基づいているかを判断することはできません。私の代わりにザグレブ大学史学科の後輩で史学史、思想史、歴史教育の専門家ブラニミール・ヤンコヴィチくんにあなたのご依頼を伝えておきます。

私としては、越村先生の関心にかかわる最近の動きを紹介して、お詫びに代えさせていただきます。最新の歴史理論の研究が「歴史文化」など新しい概念を使い始めていることは先生もご存じかもしれません。イギリスのジェローム・デ・グルートが今日の大衆文化の中で歴史がどう登場するかを研究しており、二〇〇八年に『歴史を消費する』という本を出しました。この本ではコンピュータ・ゲームから映画

『ダ・ヴィンチ・コード』、また博物館での展示の中で歴史がいかにコピー・消費されるかを分析しています。二〇一七年にはイギリスのマクミラン社が歴史文化・教育に関するハンドブックを出しています。

いずれも過去と現代社会をつなぐうえで、様々なメディアが様々な見せ方を試みていることを研究することがいかに大事かを強調しています。* そしてそのような研究の中で、歴史的フィクションがますます重要な役割を果たしていると思われます。

また私は現在、テレビや映画メディアがどのように歴史の架空の描写を扱っているかに関する、オランダの研究プロジェクトの成果をレビューしています。そのような研究は、過去の歴史の主要な仲介者である古典的で、アカデミックな歴史学に、とって代わるとはいわずとも、それを補完しうるものだと思います。

ただ、クロアティアの歴史学では、歴史的フィクションの役割についてのそのような関心を持つことは、依然としてかなり「異端的」であると見なされます。その中で、ブラニミールのような若い同僚や博士課程の学生たちが将来、歴史学の社会的な役割や機能についてより新しい展望を持ち、良い方向で考えてくれると信じています。そうなるとすれば、クロアティアの歴史学は歴史学の社会的役割と機能について新しい見方を示してくれるでしょう。

* Jerome de Groot, Consuming History- Historians and Heritage in Contemporary Popular Culture,2008. Mario Carretero, Stefan Berger, Maria Grever (eds.), Palgrav Handbook　of Research in Historical Culture and Education, 2017.

どうやら、かのナタリー・Z・デーヴィス女史による（歴史の見せ方についての）問題提起はデ・グルートによって受け継がれ、マクミラン社のハンドブックに結実しているようである。またデ・グルートはゲームだけでなくテレビ番組までも分析しているようで、そのことに私は意を強くした。そしてブラニミール・ヤンコヴィチ君に、

『スリーウインターズ』のクロアティア語版の脚本を添付して、二つの問いに答えてくれるようお願いしたのである。

ブラニミール君へ

・まず、ブラニミール君に、歴史教育全般にドラマがどれほど役立つかという一般論はともかく、何より、このドラマがクロアティアの現代史を理解するのに役立つかどうか考えてみてほしい。

・この脚本は、歴史と小説、事実とフィクションの境界にある作品だと思う。登場人物はクロアティア（とボスニア）を舞台にしており、家族全員の物語はやや自伝的であるように思われる。厳密に言えばフィクションだが、「歴史を生み出す」側と「歴史を消費しながら批評を育む」側との架け橋となる作品だと考えるが、君はどう思うか。

ブラニミール君からの最初の返事

越村先生、

まずは、いろいろ所要が重なって返事が遅れたことをお詫びします。

早速ですが、『スリーウインターズ』を読みました。私はこのドラマが本当に好きです。

実に素晴らしい！　そして私はあなたの問いにこう答えます。このドラマはクロアティアの現代史を理解するのに大いに役立ちます。それはフィクションではありますが、歴史的事実に固執するものです。それは架空の事実を入れこんだりしません。特定の出来事を取り上げるだけでなく、出来事の背景やプロセスについてもフォローします（一九四五年の新政権によるアパートの没収、一九九〇年に多くの人々は戦争が始まると信じていなかったこと、PTSDの元兵士、新興成金、伝統の復活など）。

もちろん、この戯曲は一九九〇年代に批判的です。この時代、クロアティア社会の多くの人は西欧のキリスト教文明を擁護し、結果もよく考えないで独立を祝っていました。もちろん、多くの人が新興成金の民営化が招いた経済問題を充分認識していました（劇中の新興成金ダミヤンなどはそのような資本家の類です）。

戯曲は、一九四五年から一九九〇年の戦後史についても批判的ですが、ローズなどのキャラクターに同情しています。ヴラドは実直な共産主義者でありユーゴスラヴィア人だった。

これは、クロアティアの世論と政治が社会主義ユーゴスラヴィアを捨て去ったと言われていることと相反します。その意味で、この作品はクロアティアの公式の場で話されていることとは違います。しかし、多くの人が（公に言うことはできないかもしれませんが）ローズとヴラドの人柄に共感を覚えるはずです。

また、『スリーウインターズ』は、「歴史を生み出す」側と、「歴史を消費しながら批評を育む」側との架け橋となる作品である、というあなたの見方にも同意します。最後に、ヴラドは歴史家です。かれのセリフも矛盾しています。「過去に見る価値はあまりない」VS「歴史はきわめて重要である」。そしてこの矛盾は深い意味を持っているように私は感じました。

いずれにせよ、これは歴史を重層的に描いた、非常によく出来た作品です。

以上が私の感想ですが、何か質問などがありましたら連絡ください。

このあと私は、事実とフィクションとの微妙な関係について、もう一度質問をする。その際にアライダ・アスマンの理論について知っているか、そのことだけを尋ねるメールを一度挟んだあとで、次のメールを送った。

ブラニミール・ヤンコヴィチ君へ

こんにちは、久しぶり。元気ですか? その後もお忙しいと推察します。

前回のメールで少しだけ触れたアライダ・アスマンの所説について、誰かと話しましたか?

今回は、アライダ・アスマンによる2種類の記憶概念について、日本のあるドイツ文学研究者がコンパクトにまとめた文章❖をまずは紹介します。これを読んで、『スリーウインターズ』について、とくに「事実とフィクション」の問題に関してあなたの考えを聞かせてもらえれば参考になります。

では、アライダ・アスマンがモデルとして提示する2つの記憶を分類してみましょう。ただし、彼女が強調しているのは、これら2つの記憶の間は遮断されておらず一定の透過性があるということ、この点に注意してください。

❖日本のドイツ文学研究者國枝孝弘氏によるインターネット上の紹介文二〇〇八年十二月二六日付。「アライダ・アスマン (Assmann, Aleida)『想起の空間』第六章「機能的記憶と蓄積的記憶 - 想起の二つの様態」(一九九九年)」https://kunieda.sfc.keio.ac.jp/2008/12/assmann-aleida1999.html まず機能的記憶とは、…… i、集団、機関、個人であれ、何らかの担い手と結びつき、ii、過去、現在、未来を橋渡しし、iii、選択的な作用をもち、iv、アイデンティティの輪郭を描き、行為に価値を与えるとされる。個人の記憶として考えれば、「思い出や経験を一つの構造につなぎ合わせ」、「形成的な自己像として生を規定し、行為に方向性を与える」。したがってある主体 (個人であれ、共同体であれ) は、機能的な記憶によって、過去を取捨選択し、ひとつの時間性を描けるよう出来事を再構成し、それを人生の価値基準としてゆくものである。

一方、蓄積的記憶とは、i、特定の担い手とは切り離され、ii、過去、現在、未来は切り離され、iii、価値付けの序列はなく、iv、真実を志向するがゆえに、価値や規範が保留されている。つまり、この記憶にとって過去とは、「無定形な集塊」であり、「使用されず融合されていない思い出の暈」とされる。ただし、重要なのはこの記憶は機能的な記憶と対立するのではなく、一部は無意識のままとどまるように、いわば背景として沈潜しているということだ。いまだ意味づけられることなく、使用価値が与えられることなく、しかし消え去ってはいないアーカイブなのだ。これは「人類の記憶」と呼ばれているが、むしろ記録と呼んだほうがよいかもしれない。

そしてもう一点、なぜ機能的な記憶が、集合的記憶であれ、歴史を形成しないのか。これについてはアスマンが引いているモーリス・アルブヴァクス（フランスの社会学者）の考察が役立つだろう。それは、集合的な記憶が、出来事のシンボル化に過ぎないからだ。シンボル化に過ぎない以上、まさにアルブヴァクスが言うように、「集合的記憶は、それが結びついている集団と同様に常に複数形で存在する」のである。これは、歴史の記憶、すなわち「単数形で存在」することと対立する。歴史が純粋に単数形で存在することは、もちろん前提とはできない。ただ、ここで確認したいのは、集合的記憶とは、もしそれが歴史とされるとならば、その歴史は、集団の利害、行為の正当化、相対主義的な歴史観を必ず孕んでしまうということだ。もっと単純に言ってしまうならば、集合的記憶はシンボル化＝たとえば「この戦争」は何だったのかという問いへの、事後的に構成された答えなのだ。

一方、蓄積的記憶は歴史に何かの寄与ができるのだろうか。アスマンは、蓄積的記憶は「文化の知識を更新するための基本的資源」であるとする。しかしこの二つの記憶の間の境界は「高度に透過的」でなくてはならない。では、どのようにすればその透過性が保証されるのか。そこには「検証」が必要となるだろう。この検証こそが歴史的事実と呼ばれるものではないだろうか。それがシンボルや選択といういわば言語化において避けることのできない作用を認識しながらも、それを絶えず修正していく歴史的な理性の謂いとなるのではないだろうか。……以下略

＊　＊　＊

厳密に言えば、この物語はフィクションです。架空のコス家についての物語であり、著者シュティヴィチッチの実名による叙述ではないからです。しかし、この物語をクロアティアの都市部の住民の機能的な記憶であると考えたとしても、それは歴史的事実や蓄積された記憶と非常に透過的な記憶と考えることは可能ですか？　答えがどちらであれ、なるべく物語の具体的な要素に即して答えていただければ幸いです。

ブラニミール君からの二回目の返事

越村先生、

こちら元気でおります。答えが遅れてしまったことをお詫びします。いろいろと用事が重なってしまいました。

他のメールでも示唆していただいたアライダ・アスマンの本ですが、セルビアで出版されたアスマンの本『過去の長い影――文化・記憶および政治』*を手に入れて家に持っています。

＊ Belgrade 2011, https://www.bibliotekaxxvek.com/asman-alaida-duga-senka-prolosti-kultura-seanja-i-politika-povesti20/）これは Aleide Assmann, Der lange Schattender Vergangenheit (München 2006) のドイツ語からの翻訳である。

このベオグラード版には、機能的記憶と蓄積的記憶に関する章があります（63〜68ページ）。その章と國枝

氏が書いたまとめの両方を読みました。機能的記憶と蓄積された記憶のモデルは、ドラマ『スリーウインターズ』について書くのにとても良い理論モデルだと思います！　それは素晴らしい着想です！

機能的記憶——過去、現在、未来の間の架け橋であり、選択的であり、何らかの担い手（グループ、社会）と結びついており、権力を正当化する役割を果たすことができる。一定の厳選された規範を持っています。

蓄積的記憶——忘れられた、または一時的に忘れられた、無意識の、使用価値はないが消えていないもの、過去の物質的な残骸、アーカイブ、文書とオブジェクト、物語や記憶などなど。

機能的記憶と蓄積された記憶の間の区分線はそれほどしっかりしていない。……

さて、このモデルがどこまで『スリーウインターズ』に当てはまるかですね。

はい、これはクロアティアの都市部の住民の機能的な記憶であると言えます。おそらく一九九〇年以降のクロアティアの社会、あるいは新しいクロアティアのエリートの機能的な記憶とも言える。おそらく国民の記憶ではないかと思いました。

しかし、アスマンは、文化的記憶（機能的記憶と蓄積的記憶とからなる）は国民の記憶よりも複雑であると言います。

ドラマ『スリーウインターズ』の登場人物の何人かは、機能的記憶と蓄積された記憶を代弁すると言うことができると思います。一部の登場人物は機能的記憶を表し、もう一部は蓄積的記憶を。劇の詳細をすべて覚えているわけではないので、読み直さなければなりませんが、最も年寄りの（年長の）キャラクターは蓄積された記憶を表し、若いキャラクターは機能的な記憶を表していると思います。劇中登場するいくつかの古いアイテム、肖像画等々は、蓄積された記憶にとってより重要です。これらの小道具は、蓄積された記憶のトリガー、記憶を呼び覚ます装置です。

またアスマンは、儀式は機能的記憶と蓄積された記憶の両方にとって重要であると述べています。ドラマ『スリーウインターズ』の儀式と言えば結婚式であり、その結婚式は家族の記憶のトリガー（引き金）なのだと思います。

これが今私の言えることです。『スリーウインターズ』を機能的記憶と蓄積された記憶で考えることは素晴らしいアイデアです。

以上取り急ぎ

ブラニミール・ヤンコヴィチ

以上二つのブラニミール君からのメールも同意しているように、『スリーウインターズ』はフィクションではあるが、事実に近く歴史教育に役立つものと考える。それ以上でもそれ以下であるとも私は、今は考えない。ではこの章の最後で、歴史の側において事実をとらえる際の枠組み、とりわけロシアのウクライナ侵攻が現実になった今、あらためて東欧をどう捉えるか、そしてクロアティアを含めたバルカンをどう捉えるか、いくつか議論をしておきたい。

②事実を捉える枠組みとしての東欧――帝国の間の小国群

高名な東欧史研究者の南塚信吾氏が朝日新聞デジタル［東欧現代史にみる「小国」の苦難　ソ連の介入、新自由主義の浸透］（朝日新聞　二〇二二年四月二四日記事）を書き上げた。一枚の山水画のような、スケールが大きくかつ理路整然たる小論である。

ポイントは何といっても、「東欧・旧ソ連圏の『小国』はヨーロッパとアジアのはざまに位置し、ロシアやドイツ、オーストリア、オスマン帝国といった周辺の「大国」に翻弄されてきた歴史がある。人口約4千万人のウクライナも、相対的な『小国』といえる」としている点である。

南塚氏は現代史の時間的スケールで語るが、南塚氏が翻訳した（私も参加させてもらったが）ロビン・オーキーの『東欧近代史』（勁草書房、1987年）では東欧をThe Lands Between（狭間の国々）と呼んでいる。この場合は近代という時間的スケールでの話である。ただ私自身はモンゴル帝国崩壊後の近世諸帝国（そこにオスマン・ロシア・そしてオーストリア帝国と中国なども加わる）のはざまの地域として東欧や東アジアを位置付け、その周辺の海賊的な人々を比較して*Uskok and Wako*という本を書き上げた。

南塚氏は、基本二〇世紀以降のスパンの中で、東欧を小論の前半は大国と小国、後半は社会主義と資本主義という二つの対立軸でとらえ、この立体的な座標に旧ソ連圏の「小国」ウクライナを加えた。こうして「東欧」という地域概念の再確認をしたことこそが何よりこの小論のメリットである。というのも冷戦体制崩壊後の2〜30年に、何やらハンガリー以北を中欧と呼んでバルカンと区別しようとする動きがあるからだ。ある文化事典でも、近代から現代にかけて周辺諸大国の被支配地域・被支配民族として存在した東欧に、中世・近世にかけてヨーロッパの諸帝国と結びついた、深い思想を持つ、華やかな地域である中欧という概念を付け加えている。この中欧とはドイツとロシアの狭間の国々だそうである。一体オスマン帝国はどこへいったのだろうか。バルカンには深い文化などないのだろうか。バルカンに触れてはいてもこの事典のバルカンに関する認識不足は否めない。バルカンの古代から中世にかけての国家制度、教会芸術や民俗学の研究成果などについて、日本の研究者をもっと活かせたはずである。もう一度中世も含めて、バルカンとバルカン研究を見直しながら、東欧という地域概念を再確認すべきであった。

さて南塚氏は「ロシアの今回の軍事行動は暴挙であり、侵略は絶対悪だ。そのうえで世界史の観点に立つと、この戦争は旧社会主義圏にグローバル経済の『新自由主義』が浸透する過程で起きた出来事の一つと言える。……８９年の冷戦終結後に限っても湾岸戦争、旧ユーゴ、……多くの戦争や内戦が起きてきた。そうした軍事衝突の多くに西側の大国が介入し、自由や民主、人権などの『普遍的価値』の名の下に欧米型の新自由主義を浸透させるための障害を取り除こうとしてきた。ウクライナを含む東欧・旧ソ連型の小国の経済も、欧米資本の新自由主義に組み込まれつつあり、天然資源や農産物の供給地としてだけでなく、低賃金労働者の供給地、グローバル企業の新しい市場になっている」という。概ね南塚氏の言うとおりだ。ただ南塚氏は最後に、「ロシア側の主張に一片の合理性を見いだすならば、欧米型の新自由主義とは別の道を探ろうとして今回の戦争に至ったのだと言える。プーチン氏は戦争ではなく、社会主義という共通体験を持つウクライナやベラルーシ、カザフスタンやジョージアなど旧ソ連圏諸国と手を携えて、欧米型の新自由主義に代わる『新たな普遍的価値』を示すことを目指すべきだった」と指摘するが、どうも冷戦期の社会主義対資本主義の構図に囚われ、社会主義の焼き直しを訴えているように聞こえる。

　冷戦構図に代わって女性や小民族を含めて多様な価値や権利を認める国際的な世論をどう形成するかが重要なのではなかろうか。最近最も弱さを露呈した枠組み、たとえば国連の諸機関をどう再編し、いかに国連に実際の権限をもたせるかを一つ一つ考えていくことこそ重要だ。『スリーウインターズ』のヴラドの時代は終わっており、たとえ話になるが、アリサのように一つ一つの問題を様々な見方から皆で考え直す時代なのだと私は考える。

　また私は、政治・経済というよりも文化・芸術（学問）の問題でなら、今でもソ連・東欧は一つの選択肢になりうると思っている。いわゆるソフトパワーである。政治的な二元論をなるべく離れ、人間の生、自然との関係の奥深さに注目すべきである。ソ連・東欧の文化をライフスタイルの問題に結び付け、ＳＤＧｓにまで繋げられたなら「新たな普遍的な価値」にもなりうるだろう。その点では、映画『アンダーグラウンド』以来世界的に評価の高いボスニアの音楽やブルガリアの農婦たちのコーラスのような例、ポストマルクス主義のクロアティアで環境経済にしぼった雑誌が注目を集めているような例をいくつも洗い出し、今日風にプレゼンしていけば、「東欧」そして「停滞したバルカン」も世界に何か新しいものを提示できるはずである。

③むしろバルカンから始める新しい歴史の捉え方、描き方

『スリーウインターズ』の原作者テーナ・シュティヴィチッチと歴史理論家のズリンカ・ブラジェヴィチは辺境小国の、女性の思索家として重なるところがある。そしてズリンカはバルカンの見直し方についてある論文*を書いている。では、ズリンカの抽象的な理論を、テーナの「物語」世界と重ねながら見ていこう。また以下で私がプロデュースしたアニメーション・ドキュメンタリーの意味内容を再び関係させてみたい。

＊ Zrinka Blažević, Globalizing the Balkans, Balkan Studies as a Transnational/Translational Paradigm, https://www.kakanien-revisited.at/beitr/balkans/ZBlazevic1

その中で使われることばで、とくに難しいことばをあらかじめ説明しておく。まずヘテロトピアということばだが、それは、ミッシェル・フーコーのことばで、「異質な複数の空間同士、時間同士を一つの場所に並置すること」、そう『スリーウインターズ』のラストシーンを思い出してほしい！

次に、「自己再帰的」とは自分や周囲について、何度も学び、考え直すこと。ヴラド、マーシャそれ以上にアリサの思い悩んでいる姿を思い出してほしい。

さてブラジェヴィチは、バルカンとクロアティアの歴史学の実相についてこう言う。……この地域の知的エリートは、常にバルカンへの劣等感に苦しんでおり、それが彼らの自己認識やアイデンティティを覆ってきた。そして、彼らの「後進性」を悪名高いオスマン帝国のせいにしてきた。そのため冷戦後、一九九〇年代の旧ユー

ゴスラビア紛争以後、より一層西側世界に将来への望みを託すことになった。

クロアティアの自己認識に関連して、ここで越村がプロデュースしたアニメーション作品の解説をしたい。まず海賊ウスコクだが、クロアティアではキリスト教の守り手というイメージで祭り上げられていた。『ウスコク／キリスト教世界の英雄』では、映像の前に出てくる絵の中の勇敢な英雄、これがキリスト教世界の守護者としてのウスコクイメージである。これと対照的に、飢えをしのぶためだけに海賊ウスコクになったのがバルカン内部からの難民であり、かれらがこの物語の主人公である。次に二つ目の物語は近世の、難民たちのために国境警備兵となりオスマン帝国とたたかった英雄が主人公。ただかれは、相手が敵であっても勇者であれば勇者として認めあうなどして、不必要な殺戮はしなかった。このような姿勢が今日的な対立の姿との大きな違いであることはすでに述べた。三つ目のクロアティア貴族の物語は、大貴族がハプスブルク家に謀反を興そうとして終焉を迎える物語、その滅んだ大貴族は今でもクロアティアでは英雄視されている。だが、ブラジェヴィチは、ある論文*で、この謀反の張本人　であるズリンスキとフランコパンがいかに「戦略的に」英雄に祭り上げられているかを丹念に論じている。一方この貴族の家に生まれたイェレナ夫人は勇敢に戦った女性として、クロアティアの女性たちには人気のある歴史的人物である。このアニメーションの脚本を書いたN・シュテファネッツはズリンスキ家の盛衰をなるべく公正に描きながら、かつ女性であるイェレナの立場からみることで新しい前向きな歴史観を示そうとしたのである。

* Zrinka Blažević i Suzana Coha, Zrinski i Frankopani – strategije i modeli heroizacije u književnom diskursu（ズリンスキとフランコパン〜文学における英雄化の戦略とモデル）,RADOVI – Zavod za hrvatsku povijest 82-2.09:94-05 Frankopani Vol. 40, Zagreb 2008.

再び、バルカンの歴史学の実相について述べる。ブラジェヴィチによると、研究者たちは、バルカンを「内側」から見る人と「外側」から見る人を、必要以上に区別しがちである。その結果、現地の「内」の人々は、理論的・方法論的な不備と狭い解釈に悩まされ、一方、国際比較が得意な「外」の人々は、研究対象の本質的な特徴を主張しすぎる傾向がある。

その1　バルカン概念を捉えなおす

ズリンカによれば、現状打破のために、まずは「バルカン」という言葉自体を再定義する必要がある。* 「バルカン」という用語は、「関係全体」という柔軟な概念に変換する必要がある。このように、概念そのものを変え、ひとつの空間を批判的かつ自己再帰的に絶えず捉え直すことが重要だ。言い換えれば、バルカンは単に固定的な存在としてではなく、合成と反発の二重の行為を通じて常に自分自身を再発明する社会的産物と見るべきである。

*私は最初の著書『東南欧農民運動史の研究』（多賀出版、一九九〇年）で「東南欧」ということばを使うことでバルカンという概念を広げようとした。

その2　ハイブリッドな共存に注目する

バルカンの諸国家は、社会的、政治的、文化的な相互作用のまれな例を示し、一方で、断片化と紛争の複雑な構築プロセスを提供する。バルカン諸国はハイブリッド（異種混合的）な社会的、文化的、政治的、経済的形態が共存する空間である。* そしてクロアティアは、大まかに言って地中海世界、中欧世界であり、かつて「ヨーロッパ・トルコ」だったこともある、バルカンでも特に複雑な国家といえる。

このハイブリッドなものに価値を見出していくには、例えばアメリカ合衆国で共和党ではなくあえて民主党を選ぶような決断が必要だ。そして私は、トランプ的な人間観ではなく、『スリーウインターズ』のような人間に対する深い洞察にもとづいて、多様性を認め合うことが、今後の人類が文化的な多様性を認め合って共存するための基礎なのではないかと考える。

＊このような共存は映像作品『ストヤン／境界の英雄』の中で描かれている。ただハイブリッドな共存空間は世界史上数々あったはずで、倭寇の時代の東シナ海などもそうだった。またその後の沖縄も、対馬も。そして近代明治の日本も「和魂洋才」的な社会だった。そして現下のグローバル化の中で、もっと様々な地域や集団がそのようなハイブリッド空間になると考えられる。

またバルカン地域は、自らの内部に遊牧民的社会構造を持っていることもあり、自らを移転、交換、相互作用のグローバルなプロセスに組み込むことを可能にする。K・カーザー*が示唆するように、バルカン研究はユーラシア、さらにはグローバル研究にまで広げることも可能である。

＊このカーザーの出世作が、私たちが翻訳した『ハプスブルク軍政国境の社会史』である。余談だが、「はじめに」で触れたニコラ・テスラはこの軍政国境の神父の家に生まれた。

その3　周辺地域なりの思考法と認識の枠組みを採用する

バルカン半島の空間的および文化的地理学の研究を進めるために、まずは、静的で本質を求める「アイデンティティ思考」から、動的で領域横断的な「境界思考」に移行しなければならない。

またそれを踏まえた方法論の構築が必要である。当初から、バルカン研究は、共通のテーマに沿ったさまざまな分野（民族学、文献学、歴史、地理学など）の集まりだった。専門特化的なアプローチは、この新しい方法にとってむしろ障害になる。

因みに、バルカン音楽の影響の同心円的な広がり（北アフリカまで）を探求した若き日のバルトークや、ゴラン・ブレゴヴィチ（ジプシー音楽からロックまでを融合したボスニア音楽運動、そして映画『アンダーグラウンド』で才能を発揮した）を思い出すとよい。

認識の枠組みとしては、相互に依存する二つの軸がある。一つはヨーロッパや先進国の模範的なモデルがバルカン諸国にどの程度浸透しているかを見る縦軸であり、もう一つは地域のさまざまな民族、宗教、文化グループ間の物質的および文化的な違いを見る（象徴的な遺物や慣習の交換に沿って分析する）横軸である。そして、複数の社会における個人や集団のアイデンティティの再／脱／構築の複雑なプロセスを考察する必要がある。これに類する複合的な考察を、グローバル化とローカル化（庶民の目線や時間が重層的な流れる）の視点から、*『スリーウインターズ』が行っていることを思い出してほしい。

*こうしたバルカン研究をするためには、統合的なアプローチが重要である。まずは、i ミクロとマクロの両方の視点から見る。次に、ii 物質的および象徴的要因から社会的および文化的ダイナミクスを読み取る、iii 徹底的に歴史的文脈の中に位置づける（コンテクスト化である。理論家にありがちな決めつけや我田引水は禁物である）。また、iv ヘテロトピア、「非同時的なものが同時に現れること」に特別な注意を払うことが必要である。

もちろん以上のような新しいバルカン研究を私は東欧史関係の学会で呼びかけていく。しかしこの学会の現状では「上（国家やエリートの側）から」の研究がはるかに多い。仮に「下（市民や庶民の側）から」見ようとしても語学力など「足腰」の弱さが問題になろう。ただ新しい（たとえばヴラーフと呼ばれる遊牧民の）研究も始まってはいる。確実な資料は限られるとは思うが、様々な角度からそうした資料を読みこなしてほしい。

さて、この新しいバルカン研究の考え方（自己再帰的、ハイブリッド的、領域横断的な）を、もっと広い場に応用できないだろうか。例えばアニメーション関係の学会で。とりわけアニメーション・ドキュメンタリーにおける事実とフィクションについて議論できないだろうか（事実とフィクションの問題についてはアライダ・アスマンの議論を参考にする）。ポスト冷戦の枠組みなり構図を再編成する中では、何らかの議論の場で、機能的記憶と蓄積的記憶の関係を「検証」することが重要なのである。

そのような議論の場ができれば、アーティスト・作家にとっても時代の大局（全体像や構造）を意識するようになり、歴史家にとっても新たなプレゼンの仕方を学びうる、そのようなＷＩＮＷＩＮの関係を築くことができるのではないか、今私はそう考えている。

まとめと結び

そもそもクロアティアという国やバルカンという地域が、多くの人に馴染みがなかったり、暗いイメージで覆われてしまったために、もっと興味を持ってもらうというのが当初の目標だった。そのために映画やアニメーションを使った。そして最後に出会ったのが『スリーウインターズ』という演劇だった。

しかし映像に関連する議論を見ていく中で、映像がいかに一つの国や社会のイメージを伝える能力があるかと か、今日のアニメーションがドキュメンタリーとして一つの現実を伝えようとしているか、改めて知ることになった。

いくつかの議論からすると、映像にはイラスト化、コンテクスト化の力がある。まずは情報量が多く、多くの人に映像と音との組み合わせで、物事や出来事について深い印象を与えることができる。また数分のいわゆるアート・アニメーションを見比べるだけである時代の全体的な特徴が見えてくる。一九五〇年代、UPAやジョン・ハブリーがディズニーとは違うアニメーションを追い求めた姿は、ある意味革命的であった。クロアティアのアニメーションも、そうした時代の動きのもう一つの例だった。

そのクロアティアのアニメーションには、歴史的恨み節を思わせる名作がある。この名作を参考にしながら、私たちは三つの物語と四つの作品を作った。第一の、海賊ウスコクの物語は、キリスト教世界の守り手をイメージさせる人物を準主役にしながら、あえてバルカンから来た難民たちを主役にした。その難民たちは生きるために海賊になった。二つ目の物語は近世の、難民たちのために国境警備兵となりオスマン帝国とたたかった英雄が主人公。ただかれは、敵であっても勇者として認めあうなど、不必要な殺戮はしなかった。このような姿勢が現代的な対立の姿との大きな違いである。三つ目のクロアティア貴族の物語は、大貴族の家の終焉の物語、しかし滅んだ大貴族が今でもクロアティアでは英雄化されている。それ自体何かの意味がありそうだが、私たちはあえて一人の貴婦人に光を当てた。そのヒロイン像は小さな民族の女性たちのあこがれである。

右の四作品はある意味でアニメーション・ドキュメンタリーである。今回本書の出版を機に映像サイトに上げた。ご意見を待つのみである。何かの議論が生まれれば幸いである。

そのアニメーション・ドキュメンタリーの最近の動きはどうか。『ピカドン』についてはイラスト（音を伴う映像）化の上でも、コンテクスト化（時代の前後関係や全体像を示す）の上でもまだ議論の必要がありそうだ。それが歴史的な作品だからこそである。そしてアニメーション・ドキュメンタリー全体にこれから大きく発展する可能性がある。まずは実写＝事実、アニメーション＝フィクションという二項対立を捨てさせるような、また個人の現実と社会的現実（これは「機能的記憶」と「蓄積的記憶」の問題とも重なる）の接点を表現するような作品をどんどん紹介していくことが重要である。

演劇についてこの本は一つの作品に限定するかたちになった。ただ、『スリーウインターズ』はクロアティアの現代史を日本でプレゼンするには大変良い材料であることに間違いはない。グローバル化とローカル化の二つの要素が巧みに織り込まれている。この脚本を文学座で上演する上で、演出家の松本祐子さんはグローバル化要素を強調せざるを得なかったが、ご本人自身がこの芝居にローカルな問題が含まれていることに気づいていた。そして大きな目でクロアティアの歴史を捉えている。『スリーウインターズ』の原作は、家族の対立から社会や国家の問題を連想させるという方法で、世界の人々にグローバル化のプラス、マイナスの両面を伝えようとしている。そして文学座は舞台デザインや小道具でグローバル化を強調した。しかし東欧で、そしてとくにクロアティアでは特殊な形で現れた社会主義の崩壊を、文学座全員の演技の相乗効果で表現することができた。そして最後のエンディングでは、グローバルな部分にローカルな部分も加味することができた。結果、演劇界で高い評価を得たのだが、二度ほど観客と一緒にこの芝居を見た私は、たしかに日本の人々にクロアティア史が伝わったと感じた。

このような『スリーウインターズ』をまさに歴史としてみた場合にどうか、クロアティアの若い歴史家に聞いてみた。先進的な理論家ともう一人若い歴史家である。後者の答えは、まず事実に固執するフィクションであるという答えだった。そして別の角度から考えてもらうために、アライダ・アスマンの機能的記憶と蓄積的記憶という理論に照らし合わせた場合にどう評価するか聞いてみた。するとこの芝居には両方の記憶が混在し、結婚式という儀式で二つが相交わるとの意見を私に寄せてくれた。

さて東欧という概念について、その重要性を再確認するような記事が新聞に載った。ロシアのウクライナ進攻をきっかけとした東欧現代史研究の立場からの小論である。それによると東欧とは、ロシア、オスマン、ドイツ・オーストリアといった大国のあいだの「はざまの地域」であり、大国・小国の対立軸と社会主義・資本主義の対立軸からいくつかの共通点が見える。その点で、ウクライナはロシアという大国から、いわば東欧小国群に加わったことになる。だが冷戦以後中欧をバルカンと区別しようという議論がある。政治や経済の安定した中欧と、政治の激動や経済の停滞のバルカンといった対比である。中には中欧は、大国との関係の中で、古代から中世に豊かな文化を育んだとし、その意味でバルカンと区別する見方がある。だがこのような見方はバルカンに対して極めて認識不足であると私は思う。

一方、クロアティアを含めたバルカンについては、かつてほど注目の「問題地域」ではなくなった分、新しい見方ができるのではないか。そしてその点でも『スリーウインターズ』はバルカン市民の社会の具体像を示してくれる。市井の人々の中に、古いものと新しいものが同居する姿を示してくれた。

このような新旧の同居がバルカンの境界地域としての特徴であり、またそれこそがこれからのグローバルな世界なのではないだろうか。そのような位置づけには、それにふさわしい研究姿勢や方法があるはずである。

そして私はこのような「境界」を前向きにとらえる思考を、アニメーション・ドキュメンタリーの研究に応用できないかと考えている。また事実かフィクションかという問いについてはアライダ・アスマンの議論を参考にして詰めていく。とにかく、アニメーション作家と歴史家が議論を交わせるような場が設けられることを願ってやまない。

* * * *

私が最も信頼する（その公正な姿勢と歴史実証へのこだわりという点で）歴史家の一人が、本文でも紹介したナターシャ・シュテファネッツさんである。ある時彼女が、とある博物館を一緒に回っていた時、彼女のおばあちゃんが腕に小さな花と十字架の入れ墨を入れていたという話をしてくれた。ナターシャ自身、その理由は戦火で顔や衣服が焼かれても自分が女であり、キリスト教徒として弔ってもらうためだと理解していた。一方、学者の間には、中央ボスニア（ナターシャのお婆さんはヘルツェゴヴィナ出身）のカトリック教会は、「イスラム教に改宗しないように」するため、彼女らの皮膚に入れ墨をしたという解釈がある。第三の説では、審美的な（装飾的な）動機でこのような入れ墨がされたようである。いずれにせよこの習慣も今は廃れたはずである。

この入れ墨の話のように、私の目線は戦争のときに地上を逃げ惑う人々の側にある。ただ、その人々がどうして、何から逃げ惑うのか、歴史家として全体を見なければならないのも確かである。その場合でも国家のための世界史ではなく、市民の、市民による、市民のための世界史を目指すことで、世界史に関わる議論の活性化をすべきだと私は思ってきた。

本書の結び、私の研究者生活のまとめとしてこう言いたい。歴史の具体的な研究とくに教育の展開については、私の場合、様々な人との出会いが影響してきた。本書は東京造形大学での教育・研究経験や文学座との出会いによって私の研究・教育がどう展開したかを振り返り、その展開を「体感する世界史」ということばで括っているのだが、文学座との出会いでバルカン研究と歴史学にたいする私の態度ははっきりとしたと言える。

その歴史学は社会史の一つだと言えばその通りだが、現在の様々な芸術との出会いによってつくられる社会史である。そこでは、市民一人ひとりが世界史に関わっているんだと主体的に実感することが目標になる。歴史教育の中で、『スリーウインターズ』のような戯曲を一部でも（例えばラストの十四場だけでも）朗読劇として演じてもらうことは重要だ。あるいはアニメーション・ドキュメンタリーを含めた、何らかの意味で歴史に関係する映画やアニメーションを授業で見ても良い。変わった映画といえば変わっているのだが、いろんな角度から研究する上で参考になるのが『アンダーグラウンド』である。今回登場した機能的記憶と蓄積的記憶という問題について（社会主義をあえてフィクションとして描く）、あるいはハイブリッド、異種混合の問題について考える（ボスニアの音楽運動などを見れば良く分かる）、重要な具体例になると思う。*

*もっと最近のバルカン映画についていえば、二〇一五年の作品『灼熱』と二〇一九年の『ペトルーニャに祝福を』が傑作だ。『灼熱』は、一九九一年、二〇〇一年、二〇一一年の三つの時代の男女のエピソードを「同じ俳優たちが演じる」作品で、内戦で決裂した男女の和解までの移り変わりが、深い悲しみや痛みとともに表現されている。『ペトルーニャに祝福を』は「北マケドニアの小さな町を舞台に、女人禁制の伝統儀式に参加してしまった女性が巻き込まれる騒動を、オフビートな笑いにのせて描いたドラマ」。日本の祭りや相撲の世界で女性がどう扱われるかを思い出せば、日本人も苦笑いを禁じ得ない。注目すべきは二つの映画とも国境を越えて作られて

いること。『アンダーグラウンド』もフランス・ドイツ・ハンガリー・ユーゴスラヴィア・ブルガリアの合作だが、『灼熱』は「クロアチア・スロベニア・セルビア」の、『ペトルーニャに祝福を』は「北マケドニア・ベルギー・スロベニア・クロアチア・フランス」の合作である。さて、日本はいつまで邦画だとか洋画だとか、日中だとかせいぜい二か国の合作とか言っているのだろう。

こうして文字だけの世界史ではなく、映像など今日的な伝達方法（現代の社会を、また個人の内面を描くような戯曲ならば演劇も含める）で消費される世界史について、表現者と研究者が議論しあう場があればと私自身は思っている。そうすれば表現者も歴史をもっと自覚的に表現できるし、研究者も歴史の動態をよりリアルに表現できるようになるのではないだろうか。

今日、ソーシャルメディア上のノンフィクションの視覚的表現のデジタル化は、9・11後の政治的不安定と国家の不確実性によって拍車をかけられている。ある世界観から別の世界観への移行、かつては堅実で信頼できると思われていた構図の崩壊（私自身は、今後の世界史の動きは多様性と持続可能性などの要素を織り込んだ構図になると予想している）、失われたものに代わる新しい「真実」の探索が余儀なくされている。

もちろん、映像で過去を再構築すると、バランス、公平性、客観性、包括性、真実（かフェイクか）について難しい問題が生じる。しかし、書かれた歴史でさえ、幅広い知識、絶え間ない見直しが必要である。あるいはテキストに忖度がないか、批判的に読んでいかねばならないことを私たちは痛感させられている。総じて文書の解釈は、文化的および政治的要因、個人的な解釈の影響を受け、歴史的事実の一つ一つも文化ごと、時代ごと、視点によって変わるのである。*

* Jihoon Kim, Documentary's Expanded Fields : New Media and the Twenty-First-Century Documentary, Oxford University Press,2022. 参照。

映像ドキュメンタリーの解釈は、それこそ視聴者の目に依存する。まずは物事には違う解釈があることを、対等に（「上から」ではなく）示し合うことが大事である。そして議論をインタラクティヴに進め、マイノリティやさまざまな立場の多様性を認め合う姿勢が重要ではないだろうか。それにつけてもバルカンは、まさにその点で最適な練習の場である。繰り返しになるが、バルカン研究は未来志向的な実践法を私たちに示してくれるはずである。

付記

この本の原稿を書いた後、クロアティアの歴史家から一通のメールが届いた。パブリック・ヒストリーに関する論文集への寄稿依頼である。このパブリック・ヒストリーとは、「歴史学の分野で何らかの訓練を受けた人びとが、専門的で学術的な場の『外』の社会へと飛び出して、そこで歴史学の知見や技能を活かす幅広い実践を意味する」、とか。まずは「専門家＝歴史家」とは何かが問われるだろうが、「それは博物館や文書館での展示から、学校での教材の制作、映画やテレビ会社での歴史ドラマやゲーム業界での歴史シミュレーションゲームの制作、自分の故郷の歴史や家族史の探索等の現場で行われる」*そうだ。要は、広く社会から材料や声を集めて、社会に還元する歴史である。かなり広い概念だ。

＊パブリックヒストリー研究会（webnode.jp）より。

私の演劇や映像に関する研究もたしかにこのような流れに属するが、実は十五年ほど前、私は日本とクロアティアのアニメーションを通した比較史を書いて、ザグレブ大学に送ったことがある。その時はクロアティアでは時期尚早だとして断られた。この十五年ほどの間にパブリック・ヒストリーの波がクロアティアの最高学府にまで及んだことになる。

さて日本ではどうか、改めて調べたがパブリック・ヒストリーに関連する本がこの二〜三年で増えている。ただし、書きことば以外に映像やデジタル情報にまで素材を求めていこうという形式の面はともかく、どこまでこの流れが近代のエリートの目線や、国造りの物語から脱却できるか、意識改革がどこまで進むか様子見といったところだ。

一方、私のパブリック・ヒストリーは、自分の東欧・クロアティア史研究と美大での教育と研究から生まれ、問題意識も形式も内発的に生まれた特殊なものである。したがって、当面は東欧史とアニメーションの学会で活動していくつもりだ。パブリック・ヒストリー研究会も触れているように、書きことばから一気に材料を広げることはパンドラの箱を開けるような危険なことなので、自分の立ち位置は歴史とアニメーションのアカデミックな場に留めておきたいのである。

ただ社会とのインターフェイスとしてYOUTUBEにチャンネルを開設する予定でいる。歴史に関する（＝個人・自分史と世界史をつなぐ）アニメーション・ドキュメンタリーのチャンネルを運営し、公的な証拠資料から読み取れる範囲と個人の記憶とが乖離することがないよう見続けたいと思っている。

著者紹介

越村　勲（こしむら　いさお）

1953 年富山県生まれ。

ザグレブ大学大学院修士課程修了、一橋大学大学院博士課程修了（社会学博士）。

一橋大学特別研究員、千葉大学助手などの後、東京造形大学教授、2019 年より同大学名誉教授。

専攻は東欧社会史・文化史。

著書に『東南欧農民運動史の研究』（多賀出版、1990 年）、Uskok and Wako/ Uskok i Wako, Plejada, Zagreb, 2020.『アドリア海の海賊 ウスコク――難民・略奪者・英雄』（2020 年）『16・17 世紀の海商・海賊 ――アドリア海のウスコクと東シナ海の倭寇』（2016 年）、『クロアティアのアニメーション――人々の歴史と心の映し絵』（20210 年）、『映画『アンダーグラウンド』を観ましたか？――ユーゴスラヴィアの崩壊を考える』（2004 年）以上彩流社刊。

訳書に D・ロクサンディチ『クロアティア・セルビア社会史断章』（彩流社、1999 年）、編訳『バルカンの大家族 ザドルガ』（彩流社、1994 年）、S・ノヴァコヴィチ『セロ――中世セルビアの村と家』（共訳、刀水書房、2003 年）、K・カーザー『ハプスブルク軍政国境の社会史 ― 自由農民にして兵士』（共編訳、学術出版会、2013 年）など。

演劇《えんげき》と映像《えいぞう》で「体感《たいかん》する」世界史《せかいし》
――『スリーウインターズ』が気《き》づかせてくれた歴史《れきし》の捉《とら》え方《かた》、描《えが》き方《かた》

2023 年 3 月 15 日　初版第 1 刷発行　　　定価はカバーに表示してあります

著　者　越　村　　勲
発行者　河　野　和　憲

発行所　株式会社　**彩流社**
〒 101-0051　東京都千代田区神田神保町 3-10　大行ビル 6F
電話　03 (3234) 5931　FAX　03 (3234) 5932
http://www.sairyusha.co.jp

印刷・製本　㈱丸井工文社

落丁本・乱丁本はお取替えいたします。　ISBN978-4-7791-2888-2 C0074

◉は電子版があります

ベルリンの東

978-4-7791-2057-2 C0097 (15. 07)

ハナ・モスコヴィッチ 著／吉原　豊司 訳

「カナダ演劇の神童」といわれた著者のデビュー作。ホロコースト第二世代の苦悩を鮮烈に描く。1970年、ベルリン——。パラグアイに逃亡した元ナチス軍医を父に持つドイツ人男性と、ホロコーストから生還した母を持つユダヤ系アメリカ人女性の出会い。　四六判上製　2,000円＋税

ご臨終

978-4-7791-2056-5 C0097 (14.10)

モーリス・パニッチ 著／吉原　豊司 訳

何十年も音信不通だった一人暮らしのおばから突然、危篤の報せが届く。仕事を辞めて臨終に駆けつけた甥だったが、なかなかお迎えが来ない……。一年におよぶ老女と中年男の奇妙な共同生活。世界で上演された異色のブラック・コメディ！　四六判上製　2,000円＋税

洗い屋稼業

978-4-7791-1645-2 C0097 (11. 09)

モーリス・パニッチ 著／吉原　豊司 訳

カナダの人気劇作家が、格差社会の底辺を描いた現代版「どん底」。高級レストランの地下にある皿洗い場——。陽もあたらない穴倉でひたすら汚れた皿を洗う３人の男たち。「ここは落っこっちゃって這い出せない蟻地獄ですよ……」。　四六判上製　1,500円＋税

やとわれ仕事

978-4-7791-1646-9 C0097 (11. 09)

フランク・モハー 著／吉原　豊司 訳

若者の就職難、独居老人の行く末を、カナダ人ならではの温かい目で描き出す。八年間勤めた工場をリストラされた若い男。今の生活から抜け出したいと思いながら、日々、仕事に向かうその妻。認知症がはじまった数学者の老婦人。　四六判上製　1,500円＋税

平田オリザ

978-4-7791-2076-3 C0074 (15.01)

〈静かな演劇〉という方法　　松本和也 著

既存の演劇制度を否定し、青年団を率いて構築した方法論に即し、“日常”を演劇にかえる〈静かな演劇〉というスタイルを確立した第一人者の代表作品——『東京ノート』、『ソウル市民』、『その河をこえて、五月』、『別れの唄』などを論じた初の批評集。　四六判上製　2,000円＋税

オペラ学の地平

978-4-7791-1418-2 C0073 (09. 03)

丸本 隆／伊藤直子／長谷川悦朗／福中冬子／森 佳子 編

オペラ研究に新たな視座をもたらす《オペラ学》の胎動！　創生期から現代まで、音楽、演劇、映画、文学、歴史、思想などさまざまな分野を横断し、多角的にオペラの魅力を探る。より深くオペラを楽しむための画期的な１冊。　A5判上製　3,500円＋税

すべてがわかる！日本アニメ史入門

978-4-7791-2776-2 C0095 (21.09)

1956-2021　　アニメの旅人 編著

『鉄腕アトム』から『鬼滅の刃』まで、各年代を代表するアニメ作品や関連する人物、アイドル声優の登場や「ガンプラ」に代表される玩具に、アニメ専門誌といったメディア、さらには「オタク」をはじめとする社会風俗を年代ごとにトピックを立てて解説。　四六判並製　1,700円＋税　◉

演劇とはなにか

978-4-7791-2591-5 C0074 (18. 09)

近藤耕人 著

近代演劇は、日本の現代の文化・社会・政治状況とどれだけ向き合い、思想や哲学の核となって表現活動をしているのか。舞台作りに必要な「役者」「装置」に始まり、考察に欠かせない要素「言葉」「肉体」「霊」を論じて、「映像」、「記憶」などの問題提起。 四六判上製 2,400 円＋税

ドイツ演劇パースペクティヴ

978-4-7791-2848-6 C0074 (22. 09)

寺尾 格 著

〈ポストドラマ〉のドラマトゥルギー。1945 年、1968 年、1989 年を経て、2001 年 9 月のＮＹテロ、2011 年 3 月 11 日の東日本大震災、収束をみないコロナパンデミック。相互に連関する「〜ポスト」についてドイツ語圏の現代演劇が日本において持つ意味を問う。 四六判並製 3,500 円＋税 ◉

ドイツ演劇クロニクル

978-4-7791-2616-1 C0074 (19.10)

寺尾 格 著

ドイツ演劇の「伝統」と「現代」。1960 年代末、ドイツに台頭した「演出家演劇」の意識とスタイルは、いかなる発展と変化を遂げ、「いま」にいたっているのか、その本質を探る。 第 1 部で 2001 〜 2018 年までの情況報告、第 2 部で劇評・書評を集成。 四六判並製 3,000 円＋税

現代アイルランド演劇入門

978-4-7791-2254-5 (16.09)

「現実と喜び」のドラマ

前波清一 著

アイルランドの「現実」と「喜び」を背負った刺激的で濃厚な演劇世界への招待。著者厳選の戯曲 10 作と、アイルランドを知るキーワード 10 ヶ条に沿った作品 20 作。イェイツ、ベケットなどの作品から知る人ぞ知る作品まで 17 人の作品 30 作を凝縮。 四六判上製 2,500 円＋税

ハロルド・ピンター

978-4-7791-2754-0 C0074 (21.06)

不条理演劇と記憶の政治学

奥畑 豊 著

第一部におけるミスコミュニケーションに関する議論、第二部におけるピンター劇の暴力性に関わる議論、そして全体に通底する記憶の政治学というテーゼは、いずれも「ホロコースト」という歴史上の大事件と関係していることを示す示す。 四六判並製 3,000 円＋税 ◉

文化を問い直す

978-4-7791-2721-2 C0074 (21. 02)

舞台芸術の視座から

平田栄一朗／針貝真理子／北川 千香子 編著

芸術経験を通じて当たりまえだと思っている「事象」を問い直し、何らかの知見を導き出すこと。舞台作品や朗読パフォーマンス、戯曲、日独の両言語で書かれたユニークな詩のなかに見出された文化的自明性への問いを真摯に深く鋭く考察する。 四六判並製 3,000 円 + 税 ◉

映画と文藝

978-4-7791-2648-2 C0074 (20 01)

日本の文豪が表象する映像世界

清水純子 著

谷崎、川端、三島、乱歩の小説に表れたＳＭ嗜好、人格分裂、母性への固着は、精神分析学者が人間の理解を深めようと苦心したテーマでもあった。本書は、陰影礼賛に満ちた文豪の小説とその映画についての理解を、さらに深めるための批評集。 四六判並製 3,000 円＋税 ◉

◉は電子版があります

映画『アンダーグラウンド』を観ましたか？

電子版発売中！

ユーゴスラヴィアの崩壊を考える　越村 勲／山崎信一 著

カンヌ映画祭グランプリのクストゥリツァ監督『アンダーグラウンド』の世界を読み解きながら、1990年の社会主義崩壊、各共和国の独立宣言、その後の「内戦」やNATOにの「空爆」などの“歴史的体験”をした旧ユーゴスラヴィアの歩みを考える。

1,000円＋税（品切れ中）◉

クロアティアのアニメーション

978-4-7791-1520-2 C0074 (10・08)

人々の歴史と心の映し絵　越村 勲 著

アート・アニメーションの新たな世界を切り開いたクロアティアの「ザグレブ派」アニメーションに、大国に翻弄されてきた西バルカンの小国クロアティアに生きる人々の歴史認識や心性を探る社会史の新たな試み。

Ａ５判並製　2,200 円＋税 ◉

アドリア海の海賊 ウスコク

978-4-7791-2545-4 C0022 (20・10)

難民・略奪者・英雄　越村 勲 著

アドリア海を荒らした海賊たちの物語。オスマン帝国が覇権を広げるなか、海賊・ウスコクがその名を轟かせていた。知られざる彼らの歴史と暮らしぶり、バルカン半島でのイスラムとキリスト教のせめぎあいの最前線となった軍政国境地帯の複雑な力学、近世国家の成立と“アウトロー”の誕生の因果関係を探る。

四六判並製　2,500 円＋税 ◉

16・17 世紀の海商・海賊

978-4-7791-2146-3 C0020 (16・04)

アドリア海のウスコクと東シナ海の倭寇　越村 勲 編

「海賊の黄金時代」の 100 年以上前に生まれ、黄金時代到来以前に消えていったクロアチアのウスコクと東シナ海の倭寇。彼らは、16・17 世紀の経済、政治や軍事の変化に反抗したのではないか。近世国家が生んだとの視点で二つの海賊を比較。

A5 判並製　3,200 円＋税